Martin Kluger

MORDE, MACHT UND MYTHOS

Geschichte, Denkmäler und Städte der Wittelsbacher im Wittelsbacher Land

gefördert vom

Verkehrsverein Region Augsburg e.V.

context verlag
Augsburg | Nürnberg
www.context-mv.de

Inhalt

Das Rautenwappen der Wittelsbacher findet man an etlichen Orten im Wittelsbacher Land – zum Beispiel auch an der Fassade einer kleinen Schlosskapelle im Aichacher Stadtteil Unterwittelsbach.

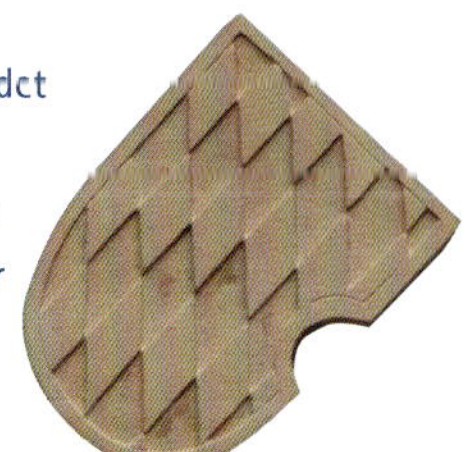

Vom Königsmord zum Königreich

Die Wittelsbacher sind noch relativ unbedeutende Herren, als ihnen das Herzogtum Bayern übertragen wird. Dort regieren sie zwischen 1180 und 1918. Ihr Rautenwappen kennt die Welt, und für die Welt sind Wittelsbach und Bayern eins. Königsschlösser, „Sissi"-Filme und das königlich-bayerische Amtsgericht haben freilich das Bild eines Bayern entstehen lassen, das mit der Wirklichkeit wenig gemein hat: Für dieses Land ist die Ära der Wittelsbacher – der Weg von den Pfalzgrafen bis zum Königreich – selten eine Idylle, weit weniger selten eine Zeit der Schrecken.

Selbst ein Königsmord hemmt den Aufstieg der Wittelsbacher nicht

Die Wittelsbacher im Wittelsbacher Land: vom schlechten Leumund zur Legende

738 Jahre lang herrschten Wittelsbacher als Herzöge, Kurfürsten und Könige in Bayern. Wittelsbacher haben maßgeblich zum „Mythos Bayern" beigetragen. Das hätte die frühe Geschichte der Familie, nicht zuletzt auch die im heutigen Wittelsbacher Land, nicht zwingend erwarten lassen. Ein Bischof bezichtigt sie des Diebstahls und des Straßenraubs. Ein Wittelsbacher begeht 1208 den ersten Königsmord in der deutschen Geschichte: Seine Burg bei Aichach wird deshalb zerstört. Der Gründer Friedbergs ermordet seine Gattin. Einiges Rufschädigende kommt zusammen. Den Aufstieg der Wittelsbacher hemmt das alles nicht.

Es ist so wie in „ganz normalen Familien". Es ist vorteilhaft, wenn man die eigene Familiengeschichte da anfangen und enden lassen kann, wo es am besten passt – und dunkle Flecken der Vergangenheit mit dem Mantel des Vergessens bedeckt. Mit Weglassen einerseits und Selbstinszenierung andererseits nimmt der Adel seit jeher

Oben: Im Jahr 1834 wurde auf dem Burghügel in Oberwittelsbach das Wittelsbacher Nationaldenkmal, ein neugotisches Fialtürmchen, errichtet.

maßgeblichen Einfluss darauf, wie die Familiengeschichte in den Chroniken erzählt wird. So haben es die Wittelsbacher geschafft, zu einer bayerischen Legende, wenn nicht gar zum Mythos zu werden. Die Website des Hauses Bayern, wie sich die Wittelsbacher nennen, verkündet: „Keine deutsche Dynastie wird so sehr mit ihrem Land gleichgesetzt wie die Wittelsbacher." Eine Zeitung postuliert 2014: „Bayern ohne Wittelsbach, das wäre wie ... – ja wie? Wie CSU ohne Franz Josef Strauß, wie FC Bayern ohne Beckenbauer oder München ohne Marienplatz. Einfach undenkbar." Die Wittelsbacher herrschen 738 Jahre lang in Bayern, davon 112 Jahre als Könige. Wittelsbach und Bayern – das ist eins.

So sieht das auch der kgl. Reichsarchiv-Rath Dr. Christian Häutle, der im Jubeljahr 1880 mit salbungsvollen Worten in eine prächtige Chronik einführt, die in der königlich-bayerischen Hofbuchdruckerei und Verlagshandlung Reichel in Augsburg erscheint. Der Anlass für den Prachtband ist das 700-jährige Regierungsjubiläum des Hauses Wittelsbach – ein „Doppelfest von Fürst und Volk", schreibt der Archivrat. Dr. Häutle scheut keine Eloge und vor keinem verbalen Kotau zurück: In gesperrter Schrift steht an zentraler Stelle der Satz „Ein Volk mit seinem König fest vereint für alle Zeiten!" Angesichts des Jubels der Münchener über das Totengeläut beim Ableben des ungeliebten Kurfürsten Karl II. Theodor im Jahr 1799 und angesichts sozialer Konflikte im seit den 1830ern immer stärker industrialisierten Bayern ist das schon damals eine gewagte These.

1180: der erste Wittelsbacher ist Herzog von Bayern

„Die Wittelsbacher als Herzöge, Kurfürsten und Könige von Bayern vom Jahre 1180 an bis herab auf unsere Zeit" lautet der Titel des Konvoluts, dessen (so der Untertitel) „Geschichtliche Skizzen und Bilder aus Anlass des Siebenhundertjährigen Wittelsbachischen Regierungs-Jubiläums in Bayern" erst mit dem 16. September 1180 beginnen. Denn an diesem Tag belehnt Kaiser Friedrich I. – genannt „Barbarossa" – Pfalzgraf Otto I. „den Großen" mit dem Herzogtum Bayern, das er ein paar Monate zuvor dem Welfen Heinrich „dem Löwen" aberkannt hat. An einem starken Bayern hat der Staufer Friedrich „Barbarossa" freilich wenig Interesse. Nachdem der Kaiser schon 1156 auf dem Reichstag in Regensburg die Mark Österreich vom Herzogtum Bayern losgelöst und zu einem eigenständigen Herzogtum erhoben hat, trennt er 1180 auch noch das Gebiet der Steiermark – das jetzt gleichfalls ein Herzogtum wird – von Bayern ab. Und auch ein allzu starker Bayernherzog ist nicht im Sinne des

Stauferkaisers. Gerade deshalb erwählt er als Nachfolger des Welfen (so eine im Jahr 1988 erschienene Bayernchronik) „ohne Zaudern den treuen Wittelsbacher, der unter den bayerischen Edelmännern gewiß nicht zu den stärksten zählte. Im Gegensatz zu den Grafen von Andechs oder von Bogen war er nur ein unbedeutender Herr."

Da man derartige machtpolitische Ranküne dem liebenden Bayernvolk nicht zumuten mag, muss eine schmückendere Begründung her. Die findet sich – so die Jubelchronik von 1880 – in der „kostbaren Freundschaft" des Wittelsbachers zum Kaiser, in seiner „selbstlosen Hingabe" und „goldenen Treue". Zum Heldenmythos des Bayernherzogs Otto I. „des Großen" gehört natürlich die Geschichte jener mutigen Heldentat, durch die er Kaiser „Barbarossa" im September 1155 in der Veroneser Klause vor Wegelagerern gerettet haben soll. Die Heldenstory des ersten Wittelsbacherherzogs ist ein Beispiel dafür, was heutige Historiker die „eindruckvollen Darstellungs-Leistungen des Adels", die „öffentliche Selbstdeutung des Adels" oder auch einfach „Legendenbildung" nennen.

Herzog Otto I. „der Große" – ein furchtloser Held?

Möglicherweise war der erste Bayernherzog in jungen Jahren wirklich das, was wir heutzutage einen „Haudrauf" nennen würden: Im 19. Jahrhundert wird Otto jedenfalls dafür bewundert, dass er 1157 in Besançon einen päpstlichen Legaten mit dem Schwert bedroht, und bei einer italienischen Heerfahrt im Jahr 1158 „gab O. [Otto I.] wieder außerordentliche Beweise von Umsicht, Thatkraft und Unerschrockenheit", als er die Ravennaten und Byzantiner heldenhaft bezwingt: „Sein Schwert schwingend, sprang er allein mitten unter die Feinde, erklärte ihren Führer Wilhelm Maltraversar zu seinem Gefangenen und schüchterte dadurch die übrigen völlig ein." Dieses Beispiel wittelsbachischer „Heldenkraft und Furchtlosigkeit" erzählt die „Aelteste Geschichte des durchlauchtigsten Hauses Scheiern-Wittelsbach bis zum Aussterben der gräflichen Linie Scheiern-Valai".

Für die Richtigkeit dieser Schilderung verbürgt sich 1834 – also nur unerhebliche knapp 700 Jahre später – ein „königl. bayer. Adjunkt im allgemeinen Reichsarchive zu München" mit Namen Dr. Johann Ferdinand Huschberg. Angesichts derart präziser Darstellung dieses Geschehens im 12. Jahrhundert erwirbt sich Huschberg solch große Verdienste um das königliche Haus, dass er fast zwangsläufig zum außerordentlichen Mitglied der Bayerischen Akademie der Wissenschaften und zum königlichen Regierungsrat ernannt werden wird.

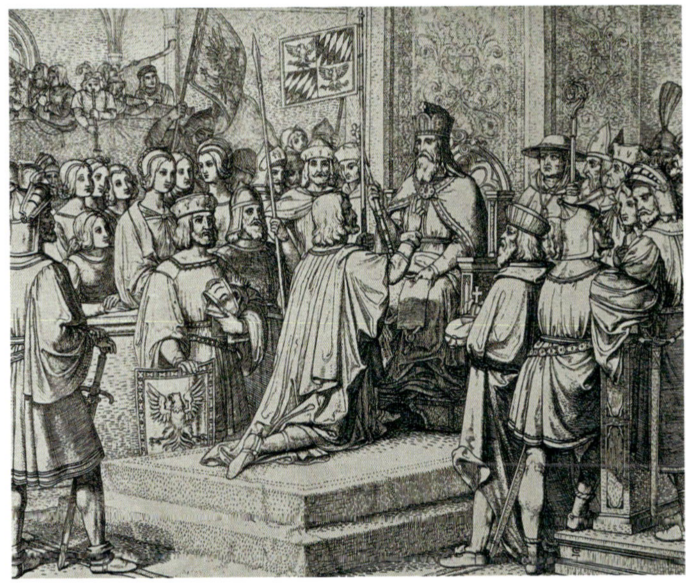

Kaiser Friedrich „Barbarossa" belehnt den Wittelsbacher Otto I. „den Großen" 1180 mit dem Herzogtum Bayern. Der Staufer wählt den Wittelsbacher, weil dieser nur ein unbedeutender Herr ist und keine Gefahr darstellt.

Missratene Nachkommen der Grafen von Scheyern

Für Huschbergs Kollegen, den kgl. Reichsarchiv-Rath Dr. Christian Häutle, erweist es sich 1880 als ziemlich praktisch, die Geschichte der Wittelsbacher in seiner Jubelchronik „Die Wittelsbacher als Herzöge, Kurfürsten und Könige von Bayern vom Jahre 1180 an bis herab auf unsere Zeit" erst mit Otto I. „dem Großen" beginnen lassen zu können. Die Vorgeschichte der Wittelsbacher wäre dem Volk – mehr aber noch dem Herrscherhaus – wohl nur schwerlich zuzumuten gewesen. Denn vor 1180 ist der Ruf der Wittelsbacher wohl alles andere als ein makelloser: Zwischen 1143 und 1146 schreibt Bischof Otto von Freising eine der bedeutendsten Chroniken des deutschen Mittelalters. Ottos in lateinischer Sprache verfasstes Werk, die „Chronica sive Historia de duabus civitatibus", setzt den frühesten Wittelsbachern literarisch ein doch eher zweifelhaftes Denkmal. Denn seiner Meinung nach „überbietet Pfalzgraf Otto, Sohn eines treulosen und ungerechten Vaters, noch alle seine Vorgänger an Bosheit und läßt bis auf den heutigen Tag nicht nach, die Kirche und ihre Diener zu verfolgen." Der Bischof von Freising legt weiter nach: „Ich weiß nicht, warum der allmächtige Gott es

Der Blick auf die vergoldeten Ahnenstatuen im Schloss in Unterwittelsbach. Während die hier dargestellten Wittelsbacher bestens erforscht sind, sind die Urahnen des Herrscherhauses und ihre Herkunft bis heute unbekannt.

„Nebel von Sagen" um die Vorfahren der Wittelsbacher

Woher die Bayern kommen, ist bis heute ein Rätsel: Sie werden schon mal als „Findelkinder" der Völkerwanderungszeit bezeichnet. Doch auch, woher die Wittelsbacher kommen, weiß niemand. Eine Bayernchronik sagt: „Die Frage nach der Herkunft der Grafen von Wittelsbach, vormals Scheyern, hat den Forschern zu vielen Theorien und phantastischen Spekulationen verholfen." Die Historiker, so diese Chronik, hätten sich durch einen „Nebel von Sagen" hindurchgearbeitet. Die Urahnen werden bei den bayerischen Herzögen der Luitpoldinger, beim bayerischen Uradelsgeschlecht der Huosi oder bei der Pfalzgrafenfamilie der Aribonen vermutet. Heute geht man davon aus, dass Graf Otto I. von Scheyern (der „comes de Skyrun") der erste gesicherte Vorfahr der Wittelsbacher sein könnte. Solche genealogischen Forschungsergebnisse stammen aus späteren, wissenschaftlicheren Zeiten.

Im Zeitalter der Renaissance ist der Adel wenig wissenschaftsorientiert: Um 1500 geben die Wittelsbacher einen Sohn des griechischen Halbgotts Herkules – Norix – als ersten Vorfahren aus. Ein andermal greift man auf den trojanischen Königssohn Antenor als Urahnen zurück. Nur ein Spleen der Wittelsbacher? Mitnichten. Es ist ein Zeitphänomen: Der Adel sucht sich damals möglichst prominente Wurzeln. Maximilian I. entlässt seinen Hofgenealogen Ladislaus Sunthaim, dem es nicht gelingt, den Stammbaum der Habsburger über die Merowinger bis zum trojanischen Helden Hektor zurückzuführen. Bis heute wird täglich Geschichte gefälscht, was das Zeug hält: nicht mehr bei Stammbäumen, doch bei vielen anderen Fakten...

Die Wittelsbacher benannten sich nach einer Burg in Oberwittelsbach (hier als Modell). Im Jahr 1209 wird die namensgebende Stammburg zerstört.

zugelassen hat, daß fast die ganze Nachkommenschaft des Grafen von Scheyern mißraten und kaum ein Mann oder eine Frau darunter ist – ganz gleich was für ein Gewerbe sie treiben oder welchem Stand sie angehören –, die nicht offene Gewalttätigkeit üben, oder, jedes kirchlichen und weltlichen Ehrenamts unwürdig, von Diebstahl und Straßen [Wegelagerei] leben oder durch das Betteln ihr trauriges Dasein fristen." Selbst unter Berücksichtigung subjektiver Übertreibungen ist das ein ziemlich vernichtendes Urteil.

Einerseits: Soll man sich überhaupt auf einen Chronisten verlassen, der in seiner Weltchronik den Ort der Varusschlacht (die Schlacht im Teutoburger Wald) bei Augsburg vermutet? Andererseits: An den Wittelsbachern ist der Freisinger Bischof nicht nur zeitlich, sondern auch räumlich natürlich viel näher „dran" als an den Römern. Die Burg von Wartenberg, auf der – 1171 belegt – Otto I. „der Große" haust (und wo eine Gedenkstele an eine abgegangene Burg dieses Bayernherzogs erinnert), liegt von Freising nur rund 20 Kilometer weit entfernt. Dort hatten sich die Wittelsbacher früh Besitzungen an den Flüsschen Strogen und Sempt bei Erding aneignen können und um 1116/17 die Burg in Wartenberg errichtet.

1208: ein Wittelsbacher wird zum Königsmörder

Wenige Jahrzehnte später wird ein Wittelsbacher neuerdings dem schlechten Leumund der Familie gerecht. Denn ausgerechnet ein Wittelsbacher, der vor 1180 geborene Pfalzgraf Otto VIII., ein Neffe des ersten Bayernherzogs Otto I. und somit ein Cousin des Herzogs Ludwig „des Kelheimers" (1173–1231), begeht am 21. Juni 1208 den ersten Königsmord in der deutschen Geschichte. In Bamberg erschlägt Pfalzgraf Otto den Stauferkönig Philipp von Schwaben. Der Königsmörder flüchtet, doch im März 1209 wird der für vogelfrei erklärte Wittelsbacher bei Kelheim aufgespürt und geköpft. Seinen Leichnam werfen die Häscher in die Donau. Seine Burg in Oberwittelsbach, nach der sich die Nachkommen der Grafen von Scheyern seit etwa 1115 „von Wittelsbach" nennen, wird geschleift

Dem weiteren Aufstieg der Wittelsbacher tut der mittelalterliche Kriminalfall keinen Abbruch. Die Sache geht wohl auch deshalb glimpflich aus, weil es Herzog Ludwig I. „der Kelheimer" ist, der seinen Verwandten töten und dessen Burg schleifen lässt. Der kgl. Reichsarchiv-Rath Dr. Christian Häutle wird 1880 diese doch etwas peinliche Episode in seiner Jubelchronik mit keinem Wort erwähnen.

Ein Wittelsbacher erheiratet die weiß-blauen Rauten

Heiraten und Erbschaften der Wittelsbacher im 12. und 13. Jahrhundert verhindern, dass das Kalkül des Stauferkaisers Friedrich I. „Barbarossas" aufgeht: Statt schwache Landesherren zu sein und zu bleiben, werden die Wittelsbacher nämlich stetig mächtiger. 1204 heiratet Herzog Ludwig I. „der Kelheimer" Ludmilla, die Witwe des (mit ihm verfeindeten, 1197 aber verstorbenen) Grafen von Bogen. Der Wittelsbacher hat jetzt nicht nur einen sehr ernstzunehmenden Feind weniger, sondern gewinnt durch seine Heirat größere Teile des Bayerischen Walds, des Böhmerwalds sowie des nieder-

Die weiß-blauen Wecken der Grafen von Bogen kamen durch Heirat an die Wittelsbacher. Die bayerischen Rauten sind heute weltberühmt. Man sieht sie auch im Wappen des Königreichs Bayern, etwa an der Fassade des Friedberger Rathauses.

bayerischen Tieflands hinzu. Die Ehe hebt auch den eigenen Status: Ludmilla ist die Tochter des Herzogs Friedrich von Böhmen und der Elisabeth von Ungarn. Und mit der Gräfin von Bogen kommt – auf Umwegen – noch etwas an die Wittelsbacher: das Wappenbild der Grafen von Bogen, die weiß-blauen Wecken, die heute weltberühmten bayerischen Rauten. Die älteste erhaltene Urkunde, welche die Wittelsbacher mit diesem Wappen siegeln, stammt von 1247.

1214: Die Pfalz am Rhein fällt an die Wittelsbacher

Ein anderes Wappenbild, den „bayerischen" Löwen, vor allem aber den – noch vor allen Erbschaften – größten Gebietszuwachs dieser Zeit bringt den (bayerischen) Wittelsbachern eine andere Heirat ein. Herzog Ludwig I. „der Kelheimer" arrangiert die Verlobung seines sechsjährigen Sohnes Otto II. („des Erlauchten", 1206–1253) mit der elf Jahre alten Welfin Agnes: Auf einem Hoftag in Nürnberg wird dies beschlossen. Weil der Staufer Friedrich II., der seit 1212 römisch-deutscher König ist, das Wohlwollen des Wittelsbachers braucht, verleiht er dem Schwiegervater der minderjährigen Braut und Erbin – Ludwig I. „dem Kelheimer" – zusammen mit seinem Sohn Otto II. schon 1214 die Pfalzgrafschaft am Rhein. Mit diesem territorialen Flickenteppich an Ober- und Mittelrhein, an der Mosel und am Unterlauf des Neckars fallen auch die Städte Heidelberg und Mannheim an die Wittelsbacher.

Drei Wittelsbacherherzöge verdreifachen den Besitz

Das Erbe (teils weitläufig) Verwandter sowie rivalisierender, aber aussterbender Adelshäuser sorgt dafür, dass die Wittelsbacher in der Zeit der drei ersten bayerischen Herzöge – Otto I., Ludwig I. und Otto II. – ihr Territorium verdreifachen (!) können. Das große Erben beginnt 1179, als die mit den Wittelsbachern verwandten Grafen von Roning aussterben. Nun fällt die Grafschaft Moosburg nahe Landshut an die Wittelsbacher. Eine aussterbende Seitenlinie bringt den Wittelsbachern 1238 die Grafschaft Valley ein, zu der Besitzungen am Starnberger See, Land zwischen dem Fluss Mangfall und der Stadt Kufstein sowie Gebiete südlich des Brenners gehören. Wie zupackend die Wittelsbacher dieser Epoche sind, beschreibt der „Historische Atlas von Bayern". Die Wittelsbacher saugen die Territorien des alteingesessenen Adels regelrecht auf: Denn „dieses ‚Dynastenlegen' wurde vom Landesherrn so tatkräftig und folgerichtig durchgeführt, daß nach 1300 im altbayerischen Binnenraum keines der ‚großen, alten, den Wittelsbachern ebenbürtigen Geschlechter' mehr ‚eine Position besaß'."

Die einen verderben, die Wittelsbacher erben

Dies gilt auch für früher so starke Widersacher wie die Grafen von Andechs, deren Besitz zunächst weitaus bedeutender ist als jener der Wittelsbacher. Konrad II. von Scheyern-Dachau – ein Sohn von Graf Konrad I. aus einer Dachauer Nebenlinie der Wittelsbacher – wird bereits 1153 zum Herzog von Meranien. Konrad II. ist also der erste Herzog unter den Vorfahren der Wittelsbacherherzöge. (Zum Herzogtum Meranien gehörten die alte Römerstadt Rijeka, Kroatien und Dalmatien.) Ausgerechnet der Bamberger Königsmord durch den Wittelsbacher Pfalzgraf Otto VIII., den Cousin des bayerischen Herzogs Ludwig I. „des Kelheimers", bringt die Grafen von Andechs auf den absteigenden Ast: Sie werden nämlich der (Mit-)Täterschaft bezichtigt, fallen in Acht und Bann und verlieren ihre Reichslehen. 1211 wird das Haus Andechs zwar von jeder Schuld am Königsmord freigesprochen, doch trotzdem fällt ein Großteil ihrer süddeutschen Territorien ausgerechnet an den Wittelsbacherherzog – der 1246 auch noch die Burg Andechs zerstören lässt. 1248 überträgt der Stauferkaiser Friedrich II. die Grafschaften Schärding und Neuburg am Inn sowie Land südlich von München, außerdem Gebiete an der Innmündung sowie die reichen Klöster Benediktbeuren, Tegernsee und Attel – zuvor Besitz des wenig später ohne Nachkommen verstorbenen Herzogs Otto VIII. von Andechs-Meranien – an Herzog Otto II. „den Erlauchten" (1206–1253). Die Bluttat des Pfalzgrafen Otto VIII. schwächt die Position der Wittelsbacher also kaum. Zwar müssen sie jetzt das Reichsamt des Pfalzgrafen an den Grafen von Ortenburg abgeben. Doch der Besitz des Königsmörders geht lediglich an seinen Verwandten, Herzog Ludwig I. „den Kelheimer", über.

Die Grafen von Wasserburg sind so unvorsichtig, einen der Ihren, Hallgraf Dietrich von Wasserburg, um 1184 schon als Kind mit der Wittelsbacherin Heilika (1171–1200), einer Tochter Herzog Ottos I., zu vermählen. 1242 schließt Graf Konrad von Wasserburg einen Erbschaftsvertrag: Seine Grafschaft soll nach seinem Tod an den mit ihm verwandeten Herzog Otto II. „den Erlauchten" fallen. Die Wittelsbacher wollen jedoch nicht bis zu seinem Ende warten: Der Sohn Ottos II. – Ludwig II. „der Strenge" (1229–1294) – belagert 1247 Wasserburg 119 Tage lang. Dann nimmt er die Stadt ein, und Graf Konrad muss fliehen. Der von den Wittelsbachern vertriebene Wasserburger Graf stirbt erst Jahre später in der Steiermark.

Eheschließungen mit einem oder einer Angehörigen der Familie der Wittelsbacher konnten unter strategischen Überlegungen situativ von Vorteil sein. Auf längere Sicht bringen familiäre Verbindungen mit den Wittelsbacher wenn nicht den Untergang, so doch jahrhundertelang Probleme – jedenfalls spätestens dann, wenn die durch Heirat verwandte Familie im Mannesstamm ausstirbt. Das muss auch die Reichsstadt Donauwörth leidvoll erfahren, nach der die Wittelsbacher immer wieder die Hand ausstrecken: Darum wird die Stadt 1606/07 zu einem Auslöser des Dreißigjährigen Kriegs, ehe sie dann 1714 endgültig wittelsbachisch-bayerisch werden wird. Und deshalb geschieht hier 1257 einer der spektakulärsten Mordfälle in der Geschichte Bayerns.

Zwei Wittelsbacher Ehen und die Burg Mangoldstein

Die Malaise der Donauwörther beginnt mit zwei Söhnen von Graf Otto V. von Scheyern. (Er ist übrigens der erste, der sich nach der Burg in Oberwittelsbach „von Wittelsbach" nennen wird.) Der erste Sohn ist der wohl 1118 geborene Friedrich II. „der Bärtige". Von ihm vermeldet das 1763 erschienene Werk „Vollständige Geschichten der alten, mittleren und neuern Zeiten Des großen Herzogthums und ehemaligen Königreichs Bayern" in einer der – so der Untertitel – „verschiedenen genealogischen Tabellen aus bewährten Geschichtsschreibern und authentischen Urkunden" nur: „Von diesem findet man weiter nichts als [...], sey Anno 1195. gestorben [...]". Dieser Pfalzgraf Friedrich II. „der Bärtige" ehelicht jedenfalls eine Tochter des Ritters Mangold IV. von Werd (Donauwörth). Der vierte Mangold ist der letzte männliche Angehörige einer angesehenen Familie – und schon sitzen die Wittelsbacher auch in der Burg auf dem Mangoldfelsen. Eine andere Stammtafel nennt als Sterbezeit Friedrichs die Jahre 1188/89 und kann die Mangoldin, seine Ehefrau, nicht mehr namentlich nennen. Eine Urkunde von 1156 führt Pfalzgraf Friedrich II. jedenfalls als den Erben des 1148 verstorbenen Ritters Mangolds IV. von Werd auf.

Das heutige Donauwörth ist (nicht nur) für die Wittelsbacher von höchstem Interesse: Denn hier, an der wichtigen Handelsstraße zwischen den Alpen und Franken, liegt der einzige Donauübergang zwischen Ulm und Regensburg – beherrscht und bewacht von der Burg Mangoldstein. Deshalb gehen die Wittelsbacher in Donauworth vermutlich nach dem Motto „doppelt genäht hält besser" auf Nummer sicher: Benedicta, eine weitere Tochter Ritter Mangolds (dessen Besitz sich bis weit in das Ries hinein ausdehnt), ehelicht nämlich den jüngeren Bruder Friedrichs II., Otto III. (nach anderen Zählweisen in den Chroniken mal als Otto VI., mal als Otto VII. und mal als Otto IX. geführt). Vom Pfalzgrafen Otto „minor" (also „der Jüngere") ist nur sein Todesjahr – 1189 – überliefert. Beide, sowohl Friedrich II. als auch Otto der III. (der Vater Ottos, des Königsmörders von 1208), sind jüngere Brüder Ottos VI., der 1180 Herzog werden und später Otto I. „der Große" genannt werden wird.

Ein mörderischer Herzog – Ludwig II. „der Strenge"

Familienbande und Politik der Wittelsbacher im 13. Jahrhundert als undurchsichtig, verwirrend und ihr Tun und Treiben für Land und Leute als schädlich zu bezeichnen, ist eher keine Übertreibung. Der Historiker Rudolf Reiser formulierte das recht drastisch: „Nach dem Tod des Landesherren [Ottos II.] im Jahr 1253 stürzte das jetzt so renommierte Bayern in seine erste große Krise. Man liest in Annalen, Berichten und Chroniken von häßlichen Szenen, von Bruderkrieg und Gattenmord, von Erbstreitigkeiten und Verpfändungen, Kleingeist und Verschwendung und vor allem von den für die Bevölkerung so schlimmen Landesteilungen, die bis 1506 anhielten. Wittelsbach und Bayern waren in der Folge so geschwächt, daß sie saft- und kraftlos dahinvegetierten." Zentraler Akteur dieser so unglücklichen Entwicklung ist Herzog Ludwig II. „der Strenge" (1229–1294). Sein Vater, Herzog Otto II. „der Erlauchte", stirbt überraschend Ende 1253: Er sei – schreiben gehässige Chronisten – am Wein erstickt.

Mit knapp 25 Jahren sind Herzog Ludwig II. und sein Bruder Heinrich XIII. (1235–1290) die Landesherren. Die Brüder regieren nur zwei Jahre gemeinsam. Um Ostern 1255 teilen sie Bayern auf. Ludwig regiert von nun an in der Pfalz am Rhein und in Oberbayern: Zu diesem westlichen Teil Bayerns gehören Ingolstadt, Schwandorf,

Die Wittelsbacher – wann, wer, wo und warum?

- **Kloster Scheyern:** Als die Grafen von Scheyern auf die Burg Wittelsbach ziehen, wird ihre Burg in Scheyern 1119 zum Benediktinerkloster.
- **Pfalzgrafen:** Das Amt des Pfalzgrafen in Bayern („comes palatinus") wird den Wittelsbachern in der Zeit um das Jahr 1120 übertragen.
- **Kreuzfahrt:** 1221 führt Herzog Ludwig I. „der Kelheimer" eine Kreuzfahrt mit 500 Rittern an – Sultan Al Malik el Kalim nimmt ihn gefangen.
- **Königin:** Die Wittelsbacherin Elisabeth, eine Tochter Herzog Ottos II. „des Erlauchten", heiratet 1246 den Stauferkönig Konrad IV.
- **Königswahl:** Der Habsburgerkaiser Rudolf I. nimmt dem Wittelsbacherherzog Ludwig II. im Jahr 1289 die Kurstimme. Rudolf vergibt das Recht Bayerns, bei der Wahl deutscher Könige mitzustimmen, nun an Böhmen.

Szene aus der Schlacht bei Mühldorf am Inn: Als die Innbrücke unter dem Gewicht der flüchtenden Menschenmassen zusammenbrach, ertranken im August 1257 hunderte hilfloser Böhmen im Fluss.

Kufstein, aber auch Aichach und Friedbeg – und München, das durch diese Landesteilung Jahre später zu einer Residenzstadt wird. Herzog Heinrich erhält den östlichen Teil: Niederbayern und damit auch das Land zwischen Furth im Wald und Reichenhall, Landshut und Schärding. Diese erste bayerische Landesteilung verstößt gegen das Reichsrecht, und sie wird Bayern jahrhundertelang schaden.

Mit kleinlichem Bedenken, Zögern und Zaudern hält sich Herzog Ludwig II. „der Strenge" freilich nicht lange auf. Sein Beiname „der Strenge" beschönigt seine Grausamkeit. Dieser ausgeprägt hässliche Charakterzug zeigt sich am 25. August 1257 in der Schlacht bei Mühldorf am Inn: Einen Turm, in den sich feindliche Böhmen geflüchtet haben, lässt er erbarmungslos in Brand stecken. Derartige Schandtaten erwähnt der kgl. Reichsarchiv-Rath Dr. Christian Häutle in der Jubiläumschronik von 1880 „Die Wittelsbacher als Herzöge, Kurfürsten und Könige von Bayern vom Jahre 1180 an bis herab auf unsere Zeit" – natürlich nicht. Vielmehr lobt der wackere Chronist: „Ludwig II. (der Strenge) gehört zweifellos zu den tüchtigsten Regenten unseres Vaterlandes, wie er zu seiner Zeit auch einer der mächtigsten Fürsten des Deutschen Reiches war." „Zu tadeln" findet der Herr Archivrat dann aber doch, was Ludwig II. am 18. Januar 1256 auf Burg Mangoldstein in Donauwörth verbricht: Angeblich in blinder Eifersucht befiehlt der Wittelsbacher, seine Gemahlin Maria von Brabant zu köpfen. Ihr Hoffräulein lässt er in den Burggraben stürzen. Maßloser Zorn? Oder in Wahrheit nüchterne Staatsräson, verbrämt mit einer Schmierenkomödie? Denn der Vater der Maria von Brabant steht gerade aufseiten der politischen Gegner. Noch schlimmer ist: Ludwigs Ehe mit der 30-jährigen Maria ist kinderlos geblieben, Schwierigkeiten bei der Erbfolge sind absehbar, der aus der Erbenlosigkeit resultierende Krieg ist es auch. Eine neue Ehe wäre ein Segen für das Land. Bereits 1256 ist Ludwig verlobt (1260 heiratet er eine andere). Ein meist unbeachtetes Detail am Rande ist: Maria von Brabant war die Tochter Herzog Heinrichs II. von Brabant und Lothringen aus dessen erster Ehe mit Maria, einer Tochter König Philipps von Schwaben. Auch diesen Stauferkönig hatte 1208 ein Wittelsbacher erschlagen: Man hätte vor dieser mörderischen Familie gewarnt sein können. Dachte der Philosoph

Die Wittelsbacher – wann, wer, wo und warum?

- **Bayern, Ungarn und Byzanz:** Der Bruder Ludwigs II. „des Strengen" wird 1255 als Heinrich I. zum Herzog von Niederbayern. Er begründet die Linie Wittelsbach-Niederbayern. Durch diesen Landshuter Herzog werden die Wittelsbacher erstmals „international": Denn er heiratet 1250 Elisabeth von Ungarn, die Tochter von Béla IV. „venerabilis" („der Ehrwürdige"), des Königs von Ungarn und Kroatien sowie Herzogs der Steiermark. Heinrichs Schwiegervater stammt aus dem uralten Fürstengeschlecht der Árpáden und von Maria Laskaris von Nicäa, der Tochter des byzantinischen Kaisers Theodoros I., ab. Die Wittelsbacher sind also (entfernt) sogar mit einem Kaiser des byzantinischen Reichs und (noch weiter entfernt) auch mit einem Fürsten von Kleinarmenien verschwägert. Zu den sieben Kindern aus dieser Ehe gehört auch Otto III. (1261–1312), der 1279 Katharina von Habsburg, die Tochter Rudolfs I., des ersten römisch-deutschen Königs aus dem Erzhaus Habsburg, heiratet. Otto wird der erste Wittelsbacher sein, der (wenn auch nur kurz) in Ungarn einen Königsthron besteigt.
- **Königs Tochter (I):** In dritter Ehe ehelicht Ludwig II. „der Strenge" 1273 Mechthild, Tochter des römisch-deutschen Königs Rudolf von Habsburg.
- **Königs Tochter (II):** Ältester Sohn Herzog Ludwigs II. „des Strengen" ist Rudolf I. von der Pfalz („der Stammler".) Dieser Wittelsbacher wird Herzog von Oberbayern und Pfalzgraf bei Rhein. Rudolf heiratet 1294 Prinzessin Mechthild, die Tochter des römisch-deutschen Königs Adolf von Nassau.

Friedrich Nietzsche an den Bayernherzog und die 1880 erschienene, so devot formulierte wittelsbachische Jubiläumschronik, als er 1881 in seinem Werk „Morgenröthe. Gedanken über die moralischen Vorurtheile" anmerkt: „[D]ie Geschichte handelt fast nur von diesen schlechten Menschen, welche später gutgesprochen worden sind!" Im 13. Jahrhundert denkt man pragmatischer: Papst Alexander IV. überlässt dem Wittelsbacher die Wahl der Buße – zur Verteidigung Jerusalems ins Heilige Land zu ziehen oder in Bayern ein Kloster zu stiften. Ludwig II. gründet das Kloster Fürstenfeld. 1260 heiratet der mörderische Herzog erneut, 1273 zum dritten Mal: Mechthild, die Tochter des römisch-deutschen Königs Rudolf von Habsburg. Der jüngste Sohn der beiden – Ludwig – wird 1328 Kaiser werden.

Um 1257: eine Burg und Friedbergs Stadtgründung

Zumindest Tatkraft kann man Herzog Ludwig II. nicht absprechen. Diese Tatkraft macht ihn zum Stadtgründer Friedbergs. Auf dem Lechrain nahe Augsburg lässt der Wittelsbacher – um 1257, etwas Genaues weiß man auch hier nicht – eine Burg errichten, die fast zwangsläufig eine Ansiedlung nach sich zieht. Am 6. Februar 1264 stellen der zwölfjährige Staufer Konradin – Herzog von Schwaben, König von Sizilien und König von Jerusalem – und Herzog Ludwig II. für die Bürger von Augsburg, die sich eben mit Bischof Hartmann streiten, einen Schutzbrief aus. Dieser Schutzbrief kündigt den Bau der Stadt Friedberg an – und gilt daher als Stadtgründungsurkunde. Diese Stadtgründung dürfte den Augsburgern nicht gepasst haben: Doch weil sie gerade auf den Schutz des Staufers und des Wittelsbachers angewiesen sind, können sie sich damals schlecht gegen die neue Ansiedlung in Sichtweite ihrer eigenen Stadtmauer wehren.

Der Friedberger Chronist Hubert Raab vermutet: „Der angekündigte Plan der Stadtgründung wurde wohl innerhalb der in der Urkunde genannten Frist von drei Jahren realisiert." Während sich in anderen wittelsbachischen Planstädten die Häuser um einen zentralen Straßenmarkt gruppieren, gibt der verwinkelte Straßenverlauf in Friedberg Rätsel auf. Doch den typischen rechteckigen Grundriss einer Planstadt der Wittelsbacher hat sich die Friedberger Altstadt bis heute erhalten. Friedberg ist übrigens nur eine der zahlreichen Neugründungen von Märkten und (allerdings wenigen) Städten, die die Wittelsbacher während des 13. und 14. Jahrhunderts im Zuge der Festigung ihrer Landesherrschaft veranlassen. Was eine Stadt zur Stadt macht, sind in der Regel ihre Stadttore und Stadtmauer. Der Historiker Hubert Raab nimmt an, dass Friedberg zunächst nur

Eine Inschriftentafel am Schloss in Friedberg hält fest, dass hier um 1257 unter Herzog Ludwig II. „dem Strengen" (vermutlich an der Stelle einer älteren Burg) eine Grenzfestung erbaut wurde.

von einem Graben, erst später von einem Palisadenzaun geschützt wird: „Wahrscheinlich waren die Stadttore und Ecktürme schon bald aus Ziegeln gebaut. Nun konnte die Stadt besiedelt werden."

Das reiche Erbe der Staufer am Lech

Eine Chronik zur Geschichte Bayerns nennt einen weiteren Grund, warum die Wittelsbacher ihr Territorium immer weiter arrondieren können. Am Ende des 12. und Anfang des 13. Jahrhunderts sterben etliche Adelsfamilien aus: „[Vor] allem die Italien- und die Kreuzzüge verlangen ihre Opfer. Und als Erben treten zumeist die mit der herzoglichen Gewalt im Lande versehenen Wittelsbacher an." Von den 1238 ausgestorbenen Diepoldingern erben die Wittelsbacher zum Beispiel Besitzungen um Cham und Vohburg sowie die Markgrafschaft Nabburg. Das weitaus größte Erbe hinterlässt der Staufer Konradin: 1263 muss er Gebiete an der oberen Donau und am Lechrain an Herzog Ludwig II. verpfänden. Aus dieser „Konradinischen Schenkung" leiten die Wittelsbacher 1268 ihren Erbanspruch ab: Das Stauferebe bringt ihnen die Donaustädte Höchstädt, Lauingen und Gundelfingen, aber auch den Lechrain und damit Mering ein.

Das Wittelsbacher Erzübel – bayerische Landesteilungen

- **Die erste Landesteilung (1255):** Die Söhne von Herzog Otto II. teilen Bayern unter sich auf. Ludwig II. „der Strenge" bekommt außer der Pfalz am Rhein auch Oberbayern. Damals gehören die Städte Aichach und Friedberg sowie die Region drum herum zu Oberbayern. Bestandteil von Oberbayern sind aber auch die 1269 vom letzten Staufer ererbten Städte Höchstädt, Lauingen und Gundelfingen mit ihren Gebieten am nördlichen Donauufer sowie das wittelsbachische Staufererbe am Lechrain. Ludwigs Bruder Heinrich XIII. erhält Niederbayern mit Teilen des heutigen Oberbayern (wie den Chiemgau, Besitz am Inn und bei Freising) sowie Gebiete in der heutigen Oberpfalz. 1310 teilen die Söhne Herzog Ludwigs II., Ludwig IV. (ab 1328 Kaiser und „der Bayer" genannt) sowie Rudolf I., das damalige Oberbayern weiter auf. Rudolf erhält einen Landesteil um die Residenzstadt Ingolstadt. Diese Teilung besteht jedoch nur bis 1313.
- **Der Hausvertrag von Pavia (1329):** Herzog Rudolfs I. Erben erhalten die Pfalz am Rhein und Gebiete der späteren Oberpfalz. Die Pfälzer Wittelsbacher regieren nun also (auch) am Rhein, an der Mosel und am Neckar.
- **Fast wiedervereint (1340):** Kaiser Ludwig IV. „der Bayer" erreicht die – nur vorübergehende – Wiedervereinigung des altbayerischen Herzogtums. Davon ausgenommen bleiben (rhein-)pfälzische Gebiete in der Oberpfalz.
- **Die zweite Landesteilung (1349–1353):** Als Kaiser Ludwig „der Bayer" stirbt, teilen seine Söhne Bayern erneut. Wieder wird Niederbayern von Oberbayern abgetrennt und 1353 weiter zersplittert: Stephan II. bekommt den Großteil Niederbayerns um die Residenzstadt Landshut. Seine beiden jüngeren Brüder erben das Herzogtum Bayern-Straubing-Holland, also die niederländischen Grafschaften Hennegau, Holland, Zeeland und Friesland, Besitz an der Donau zwischen Kelheim und Passau, im Innviertel und im Bayerischen Wald. Regiert wird das Land in Straubing und in Den Haag.
- **Teilweise wiedervereint (1363):** Nach dem Tod Meinhards, des erbenlosen Herzogs der oberbayerisch-tirolischen Wittelsbacherlinie, fällt auch der oberbayerische Landesteil an Stephan II. „mit der Hafte".
- **Die dritte Landesteilung (1392):** Nach dem Ableben von Stephan II. im Jahr 1375 regieren seine Söhne Stephan III. „der Kneißel", Friedrich und Johann II. erst einmal gemeinsam. Natürlich kommt es zum Streit. 1392 wird Niederbayern deshalb zum Herzogtum Bayern-Landshut: Es fällt an Herzog Friedrich. Oberbayern wird geteilt: Stephan III. wird Herzog von Bayern-Ingolstadt, zu dem nun auch Aichach und Friedberg gehören. Teil dieses zerrissenen Territoriums sind Besitzungen in Tirol und der heutigen Oberpfalz. Das restliche Bayern wird zum Herzogtum Bayern-München.
- **Wittelsbach und Holland:** Der vierte Landesteil, das Herzogtum Bayern-Straubing-Holland, bleibt 1392 in den Grenzen von 1353 weiter ungeteilt.

Bayern reicht von Tirol bis an die Nordsee – und kämpft gegen den Papst

Ein Wittelsbacher ist Kaiser – Ludwig IV. „der Bayer" macht Aichach 1347 zur Stadt

Im 14. Jahrhundert erreicht ein Kaiser aus dem Haus Wittelsbach die größte Ausdehnung Bayerns, das sich kurz vor 1350 von der Küste der Niederlande und von Brandenburg bis nach Tirol erstreckt. Doch es ist auch die Zeit, in der Kaiser Ludwig IV. „der Bayer" mit den Habsburgern und mit den Päpsten in Avignon in Konflikt gerät – und mit dem Kirchenbann, der härtesten Strafe dieser Epoche, belegt wird. Kaiser Ludwig IV. fördert den Bau der Aichacher Stadtbefestigung. 1347 verleiht Ludwig IV. Aichach das Münchener Stadtrecht.

Dreimal heiratet Herzog Ludwig II. „der Strenge". Beim dritten Mal – im Jahr 1273 – die um 22 Jahre jüngere Mechthild, die Tochter des römischen Königs Rudolf von Habsburg. Ihre Hand ist die Belohnung dafür, dass sich der 44-jährige Herzog von Oberbayern und Pfalzgraf bei Rhein mit Erfolg für die Wahl seines Schwiegervaters in spe zum deutschen König eingesetzt hat. Zwar hätte auch Ludwig selbst

Oben: Der Auerturm war Bestandteil der Aichacher Stadtbefestigung. Der Bau der Ringmauer wurde 1331 durch Kaiser Ludwig IV. „den Bayern" gefördert.

König werden können. Doch Maria von Brabant war noch nicht vergessen: Der Gattinnenmord und andere Grausamkeiten Ludwigs könnten seine Chancen als Kandidat vielleicht geschmälert haben.

Wieder Bruderzwist – Wittelsbach gegen Wittelsbach

Was dem rabiaten Wittelsbacher nicht gelingt, schafft sein jüngster Sohn. Nicht einmal dessen Geburtsdatum (um 1283) ist exakt überliefert, doch der später Ludwig IV. (abwertend gemeint) „der Bayer" genannte Wittelsbacher wird 1314 römisch-deutscher König und 1328 Kaiser des Reichs werden. Jahrelang streitet sich Ludwig IV. mit seinem älteren Bruder Rudolf „dem Stammler" (1274–1319) um die Politik im Reich, die Herrschaft in Oberbayern und in der Pfalz am Rhein sowie um die Vormundschaft für den Erben des Herzogtums Niederbayern.

Einig sind sich die Brüder 1302 dagegen bei dem Versuch, mit einer Viehsteuer die leeren Kassen zu füllen. Doch im heutigen Aichacher Stadtteil Unterschneitbach ringt der Adel des Landes den Herzögen Rudolf und Ludwig den Eid ab, zukünftig auf solche Notsteuern zu verzichten. An die Urkunde von Schneitbach erinnern – direkt neben der Kirche St. Emmeran – zwei moderne Denkmalstelen an diese Schneitbacher Einung. (Eine Burg in Schneitbach, in der man wohl verhandelte, wird 1395 zerstört werden.) Die Wittelsbacher müssen dem bayerischen Adel, dem Klerus und den Städten das Privileg einräumen, Steuern fürderhin zu bewilligen. Diese Vereinbarung dürfte der junge Bayernherzog Ludwig als eine politische Niederlage empfunden haben. Doch Ludwig beißt sich ungeachtet solcher Widerstände und der (kurzzeitigen) neuerlichen Teilung Oberbayerns zwischen 1310 und 1313 auf dem Weg zur Königskrone durch.

Misstrauen, Missgunst und Frontenwechsel

Die politischen Fronten sind in dieser Zeit so undurchsichtig, weil auch Ludwigs Bruder Rudolf Ambitionen hat, römisch deutscher König zu werden. Herzog Rudolf „der Stammler" verlobt deshalb 1310 seinen zwölfjährigen Sohn – Ludwig, Erbprinz von der Pfalz (der jedoch 1312 stirbt) – mit der Tochter Heinrichs VII., des 1308 gewählten Königs aus dem Haus der Luxemburger. Dass Rudolf der (vermeintlich) künftigen Schwiegertochter die Rheinpfalz verschreibt, bringt seinen Bruder in Rage. Oberbayern wird nun geteilt: Rudolf erhält den Südosten um München, Ludwig den Nordwesten um Ingolstadt. Gestritten und gekämpft wird auch um die Vormundschaft der beiden Söhne des 1310 verstorbenen Landshuter Herzogs

In Unterschneitbach stand eine Burg. Dort erinnern heute zwei Steinstelen an die Schneitbacher Einung.

Stephan I. – Heinrich XIV. (1305–1339) und Otto IV. (1307–1334). Die Lage ist recht verworren: Es herrschen „Mißtrauen, Mißgunst auf allen Seiten und unversehens werden die Fronten gewechselt." Erst paktiert Herzog Ludwig IV. mit den mit ihm verwandten Habsburgern gegen seinen Bruder. Als er sich 1313 mit Rudolf versöhnt, besetzen die durch den Frieden zu München wieder vereinten Oberbayern Landshut und Straubing. Beide Söhne des Herzogs werden entführt. Nun verbündet sich Niederbayern aus Angst vor der oberbayerischen Dominanz mit Friedrich „dem Schönen" von Habsburg.

Ludwig wird König – gegen die Stimme des Bruders

Den Habsburger besiegt Herzog Ludwig IV. am 9. November 1313 in der Schlacht bei Gammelsdorf: Bei diesem Örtchen westlich von Landshut schlagen die Truppen des Wittelsbachers (die sich in der Gegend von Aichach und Altomünster vereinigt haben) das angeblich viermal so starke Heer des Habsburgers. Mit dieser „Referenz" im Rücken bewirbt sich Ludwig darum, zum römisch-deutschen König gewählt zu werden: Am 20. Oktober 1320 geben ihm vier der Kurfürsten in Frankfurt ihre Stimme. In Ludwig sehen sie vermutlich einen Kompromisskandidaten, durch den ständigen Bruderstreit geschwächt und somit für sie ungefährlich. Einen Tag zuvor haben im nahen Sachsenhausen bereits zwei Kurfürsten für den Habsburger Friedrich „den Schönen" als neuen König gestimmt. Die erste Kurstimme für den Österreicher kommt – typisch Wittelsbacher – von Ludwigs Bruder Rudolf, dem Herzog von Oberbayern und der Pfalz. Zwei Könige sind einer zu viel: Darum wird am 28. September 1322 die Entscheidung auf einem Schlachtfeld bei Mühldorf am Inn gesucht. Wieder siegen die Bayern, weil die schwer gerüsteten Ritter des Österreichers – wie bereits 1313 bei Gammelsdorf – im Gefecht zu unbeweglich sind. Das auch als Schlacht bei Ampfing bekannte Gemetzel ist die letzte große Ritterschlacht der Geschichte.

Durch Ludwigs Ehe kommt Holland zu Bayern

Nach dem militärischen Sieg über seinen Verwandten und Gegenkönig Friedrich zieht der römisch-deutsche König Ludwig IV. alle Register, um seine Hausmacht zu stärken. 1324 treffen die Reichsinsignien in München ein, und im selben Jahr ehelicht der ungefähr 50-jährige Wittelsbacher die etwa 30 Jahre alte Margarete, die Tochter des Grafen Wilhelm III. von Holland und Zeeland, der auch Herr im Hennegau ist. Mit seiner zweiten Ehe erwirbt Ludwig IV. „der Bayer" Erbansprüche in den Niederlanden, die tatsächlich zum Tragen kommen, als Margaretes einziger Bruder Wilhelm IV. 1345

In der Schlacht bei Mühldorf (auch Schlacht bei Ampfing genannt) besiegt Ludwig IV. seinen Gegenkönig Friedrich I. „den Schönen". Eine Glasmalerei im Münchener Rathaus erinnert an das Ereignis.

ohne legitimen Erben stirbt. Im Juni schöpft der Bayer seine Machtbefugnisse aus, um seine Familie zu stärken: Als die Markgrafen von Brandenburg bis 1320 aussterben, zieht König Ludwig IV. dieses Land ein. Er verleiht Brandenburg (zu dem die Lausitz und die Stadt Landsberg an der Warthe gehören) 1323 an seinen neunjährigen Sohn Ludwig, der den Beinamen „der Brandenburger" tragen wird.

Das bayerische Herzogtum ist 1340 wieder vereint

Auch in Bayern läuft es gut für den König: Zwar ist in Niederbayern 1331 unter den Söhnen Herzog Stephans I. – Heinrich XIV. „dem Älteren" und Otto IV. – sowie Heinrich XV. „dem Jüngeren", dem Sohn Ottos III. von Bayern (der als Béla V. kurzzeitig zum König von Ungarn wird), erneut die wittelsbachische Krankheit der Herrschaftsteilung ausgebrochen. Heinrich XIV. bekommt Landshut, Straubing, Schärding und Pfarrkirchen. Otto erhält Burghausen, Ötting, Hall, Traunstein und das Salzburger Land. Und Heinrich XV. herrscht nun in Deggendorf, Cham, Dingolfing, Landau und Vilshofen. Viel kleinteiliger geht fast nicht. Doch der Tod sorgt in Niederbayern für eine große „Flurbereinigung". Die Herzöge sterben in den Jahren 1333, 1334 und 1339. Als schließlich noch der erst elfjährige Erbe Herzog Heinrichs XIV. „des Älteren" – sein Sohn Herzog Johann „das Kind" – im Dezember 1340 das Zeitliche segnet, kann König Ludwig IV. nun die beiden Herzogtümer Niederbayern und Oberbayern unter seiner Herrschaft vereinen.

Um 1346 erreicht Bayern seine größte Ausdehnung

1342 verheiratet Ludwig IV. „der Bayer" seinen Sohn Ludwig V. „den Brandenburger" mit der Erbin von Tirol, Margarete (genannt „Maultasch"). Als Anfang 1346 sein Schwager Wilhelm von Hennegau-Holland stirbt und Kaiser Ludwig IV. seine Gemahlin Margarete mit dessen Erbe belehnen kann, hat das Bayern der Wittelsbacher seine größte Ausdehnung erreicht. Ihr Herrschaftsbereich reicht nun vom Süden Tirols bis zur friesischen Nordseeküste, von Brixen bis Berlin. Jahre zuvor – 1329 – haben die beiden oberbayerischen Linien der Wittelsbacher ihren langjährigen Streit beigelegt. Oberbayern und die Pfalz werden durch den Vertrag von Pavia voneinander getrennt. Ludwig hat Oberbayern behalten, die Erben seines 1319 verstorbenen Bruders Rudolf bekommen die Pfalz am Rhein sowie die Obere Pfalz um Amberg, Nabburg und Weiden. Vertraglich wird überdies festgelegt, dass die Kurstimme der Pfalz, die zur Wahl deutscher Könige berechtigt, wechselweise dem Herzogtum Oberbayern oder der Pfalz zustehen soll. Damit scheinen die Dinge in Bayern geregelt, das Land ist eine führende europäische Macht – zumal Ludwig IV. „der Bayer" seit 1328 auch Kaiser des römischen Reichs ist. Doch seine Erfolge, der Gewinn der Grafschaft Tirol, der niederländischen Territorien und der Mark Brandenburg sowie sein Kaisertum, werden von den Konflikten mit den Päpsten in Avignon überlagert.

Am 23. März 1324 hat Papst Johannes XXII. den deutschen König Ludwig IV. mit dem Kirchenbann belegt. Ein Auslöser war der päpstliche Anspruch auf die Approbation (also das Recht des Papstes, die römisch-deutschen Kaiser anzuerkennen und zu krönen). Ein zweiter Auslöser ist der Vorwurf der Häresie, der sich an Ludwigs Haltung im sogenannten Armutsstreit der Franziskaner festmacht: Es geht

Um 1346 erreicht Bayern seine größte Ausdehnung: Die Wittelsbacher sind neben den Luxemburgern und Habsburgern der dritte große Machtblock im Reich.

darum, ob Christus und die Apostel Eigentum besessen haben. Für die verweltlichten Päpste ist dies eine ziemlich unangehme Streitfrage. Und ein dritter Grund für den Konflikt ist die Unterstützung kaisertreuer Herren und Städte in Italien durch den Wittelsbacher.

Nach Italien – der Wittelsbacher zieht über die Alpen

Der Kirchenbann ist die härteste Strafe, die das Mittelalter kennt: Gebannte sind aus der Gesellschaft ausgeschlossen, ihnen werden die Sakramente versagt, sie verlieren sogar das Recht auf eine kirchliche Bestattung. Doch auch die Kirche kennt Theorie und Praxis: Im Reich stehen die meisten Bischöfe weiter zu ihrem König, selbst als Papst Johann XXII. dem Wittelsbacher am 11. Juli 1324 sämtliche Rechte abspricht, die aus seiner Wahl zum König resultieren. Unter dem Druck der päpstlichen Politik hat sich Ludwig IV. „der Bayer" zudem einen besonders geschickten politischen Winkelzug einfallen lassen, um eine mögliche Einflussnahme des Papstes auf die Habsburger zu verhindern. 1525 schließt er mit dem einstigen Gegenkönig Friedrich „dem Schönen" einen Vertrag und erkennt ihn als Mitkönig an. 1330 wird König Friedrich I. auf einem Schloss im Wienerwald sterben: Eine Chronik überliefert, dass den 41 Jahre alten Habsburger die Läuse aufgefressen hätten.

Der Wittelsbacher Ludwig wird zum König von Italien

Im Frühjahr 1327 macht sich Ludwig IV. „der Bayer" daran, die Alpen zu überqueren. Um die Alpenpässe zu sichern, waren langwierige politische Verhandlungen notwendig gewesen – etwa ein Friedensvertrag zwischen Herzog Heinrich VI., Herr von Kärnten und der Grafschaft Tirol, und Cangrande I. della Scala, dem Stadtherrn von Verona. Ein Bündnis mit Friedrich II. von Aragonien, König von Sizilien, soll das Königreich Neapel binden, das zu den wichtigsten Verbündeten des Papstes zählt. Und am 14. März 1327 lässt sich

Im Januar 1328 lässt sich der Wittelsbacher Ludwig IV. „der Bayer" in Rom zum Kaiser krönen. Mit diesem Krönungsakt verstößt er gegen ein jahrhundertelang von den Päpsten verteidigtes Vorrecht.

Ludwig in Mailand mit der Eisernen Krone der langobardischen Könige und damit zum König von Italien krönen. Im August stößt der Wittelsbacher in Richtung Süden vor. Im September wird Pisa belagert, das sich nach einigen Wochen ergeben muss. Von dort aus lässt Ludwig im Dezember in Richtung Rom marschieren: Am 7. Januar 1328 zieht er dort mit 4000 Schwerbewaffneten ein.

Römer setzen Ludwig IV. die Krone des Kaisers auf

Am 17. Januar 1328 lässt sich Ludwig von drei Bischöfen und von Vertretern des Volks von Rom zum Kaiser krönen. Ein Affront: Denn die Kaiserkrönung ist ein Recht, das jahrhundertelang (und noch bis ins 16. Jahrhundert) allein dem Papst zusteht. Doch auf die Rechte eines Papstes im fernen Avignon nimmt der Wittelsbacher keine Rücksicht mehr, im Gegenteil. Schon am 18. April 1328 lässt er die Absetzung von Papst Johannes XXII. verkünden. Am 1. Mai ernennt er selbst den neuen Bischof von Ferrara. Und am 12. Mai lässt er zu, dass ein paar römische Kleriker den Franziskaner Peter von Corvaro (Pietro Rainalducci) als Gegenpapst – er nennt sich Nikolaus V. – wählen. Das Volk von Rom bestätigt diese Wahl nur allzu gern, weil Ludwig IV. „der Bayer" die Absetzung des Oberhaupts der Christenheit in Avignon unter anderem damit rechtfertigt, dass kein Papst über einen längeren Zeitraum von Rom abwesend sein dürfe.

Doch weshalb sollte Kaiser Ludwig IV. „der Bayer" noch Rücksicht auf den Papst in Avignon nehmen? Papst Johannes XXII. hat ihm im Oktober 1327 das Herzogtum Bayern und alle anderen Rechte und Würden aberkannt. Darüber hinaus verurteilt er den Wittelsbacher aufgrund seines hartnäckigen Verweilens im Kirchenbann, der Verbreitung minoritischer Irrlehren und der Förderung von Häretikern als offenkundigen Ketzer. Im Januar 1328 legt Johannes XXII. nach und ruft sogar zum Kreuzzug gegen den eben gekrönten Kaiser auf. Der muss sich Anfang August aus Rom zurückziehen. Militärisch ist das mit dem Papst verbündete Königreich Neapel nicht zu bezwingen: Die Kriegsschiffe der Neapolitaner kommen auf dem Tiber bis vor die Stadtmauer von Rom. Der Krieg kostet: Durch Steuern und Beschlagnahmungen hat sich der Wittelsbacher in Rom unbeliebt gemacht. Und dann dezimiert auch noch eine Seuche sein Heer. Doch in Bayern sitzt Kaiser Ludwig IV. fest im Sattel: Die Unterstützung der Klöster sichert er sich durch einen Steuererlass und andere Privilegien, er hat das Land vergrößert wie sonst keiner vor ihm, mit dem Teilungsvertrag von Pavia von 1329 sowie mit dem Kurvertrag von 1338 sind alle Streitfragen mit der Pfälzer Linie der

Wittelsbacher geregelt. Doch wieder ist es ein Papst, diesmal der 1342 gewählte Clemens VI., der Probleme bereitet. Der Franzose wird als äußerst weltlicher Kirchenfürst beschrieben: Birgitta von Schweden und Katharina von Siena (beide werden später heiliggesprochen) haben die offenbar schreienden Missstände am Hof von Avignon kritisiert. Auch Literaten wie Boccacio und Petrarca haben das lasterhafte Treiben geschildert. In der Politik ist Moral freilich keine gängige Kategorie. Der Kirchenbann gegen den Wittelsbacher wird aber Woche für Woche erneuert. Im Juli 1346 fordert Papst Clemens VI. die deutschen Kurfürsten auf, einen neuen römisch-deutschen König zu wählen. Zwar sind die Reichsinsignien noch in München verwahrt, doch mit dem böhmischen Thronfolger Karl IV. aus dem mit den Wittelsbachern verfeindeten Haus Luxemburg hat Ludwig nun seit Juli 1346 erneut einen Gegenkönig. Karl wird nach dem Tod des Wittelsbachers auch der neue Kaiser werden.

1347 gibt Kaiser Ludwig Aichach das Stadtrecht

Die politischen Irrungen und Wirrungen zwischen den Ländern und Herrschern nördlich und südlich der Alpen sind ein Stück weit gelöst, als Kaiser Ludwig IV. „der Bayer" am 11. Oktober 1347 stirbt – angeblich während einer Bärenjagd und in den Armen eines Bauern auf einem Feld bei Puch im heutigen Landkreis Fürstenfeldbruck. Nur wenige Wochen vor seinem Tod – am 18. Juni 1347 – verleiht der Wittelsbacher dem längst stadtähnlichen Marktort Aichach das Münchener Stadtrecht. Ludwig IV. hat Aichach schon in früheren Jahren gefördert. 1331 erlässt er den „Lieben Bürgern von Aichach" Marktsteuern, damit sie mit diesem Geld ihre Stadtmauer errichten können. Die Urkunde dazu nennt erstmals die Aichacher Ringmauer.

Das Stadtrecht von 1347 hat mit der Gründung der Stadt nichts zu tun. Aichach wird schon in der zweiten Hälfte des 11. Jahrhunderts in einem Schriftstück des Klosters St. Ulrich und Afra in Augsburg erwähnt, um 1135/40 werden Aichacher als Dienstleute der Pfalzgrafen von Wittelsbach genannt. Vermutlich ist Aichach bald nach der Zerstörung der Burg in Oberwittelsbach das neue Verwaltungszentrum der Region. 1347 bestehen in Aichach längst stadtähnliche Verwaltungsstrukturen, auch die Stadtmauer ist erbaut. Letztendlich wird nur die gängige Praxis schriftlich fixiert. Denn schon 1298 nannte eine Urkunde einen „Bürgermeister", und in der Urkunde des Stadtrechts wird von „Bürgern und Rat" geschrieben. Doch auch hier gilt: Nichts Genaues weiß man nicht. Sicher ist, dass Aichach mit der Urkunde von 1347 alle Rechte, Gesetze und Gewohnheiten

Kaiser Ludwig IV. „der Bayer“ verlieh Aichach – hier das Obere Tor am Aichacher Stadtplatz – im Jahr 1347 das Münchener Stadtrecht.

erhält, die auch der Stadt München verliehen wurden. Weil die eigentliche Stadtgründung allerdings schon für die Zeit um 1235 angenommen wird, feiert Aichach bereits 1985 sein 750-jähriges Stadtgründungsjubiläum.

Die Wittelsbacher – wann, wer, wo und warum?

- **König von Ungarn:** Erstmals regiert ein Wittelsbacher ein fremdes Land. Ungarn wählt Otto III. – seit 1290 Herzog von Niederbayern – 1306 als neuen König Béla V. Doch Otto kehrt bereits 1308 nach Bayern zurück.
- **Bayern in Brandenburg:** Kaiser Ludwig „der Bayer“ vergibt die herrenlos gewordene Mark Brandenburg 1321 ziemlich freihändig an seinen etwa neunjährigen Sohn – Ludwig „den Brandenburger“.
- **Ohne Pfalz:** Im Vertrag von Pavia wird die Kurpfalz 1329 von Oberbayern abgetrennt. Die politisch so wertvolle Kurstimme soll von jetzt an den beiden Ländern jeweils abwechselnd zustehen.
- **Bayern in Tirol:** Ludwig V. „der Brandenburger“ heiratet 1342 die Tiroler Herzogin Margarete „Maultasch“. Dadurch fällt das Land zeitweise an Bayern. Der (nur von ihren Gegnern) als abstoßend hässlich beschriebenen Tirolerin setzt Lion Feuchtwanger 1923 ein literarisches Denkmal.

Die dritte Landesteilung der Wittelsbacher bringt Tod und Elend über Bayern

Wittelsbacher lösen fünf Kriege aus – und viermal wird Friedberg niedergebrannt

Ludwig VII. „der Gebartete", der Herzog von Bayern-Ingolstadt, lässt die Stadtmauern von Aichach und Friedberg verstärken. Ludwig kämpft bevorzugt gegen andere Wittelsbacher: Im Bayerischen Krieg unterliegt er den Herzögen von Bayern-Landshut und Bayern-München. Sogar sein Sohn Herzog Ludwig VIII. „der Bucklige" – der zeitweise im Schloss in Friedberg sitzt – kämpft am Ende gegen den eigenen Vater. So kommen Friedberg und Aichach zu Niederbayern.

Testamentarisch hat Ludwig IV. „der Bayer" zwar festgelegt, dass das Land nach seinem Tod mindestens 20 Jahre ungeteilt bleiben sollte. 1341 hatte er versprochen, dass Ober- und Niederbayern „furbaß [künftig] ein Land haizzen sol vund sol ungeteilt ewiglich bleiben." Doch die sechs Söhne des Kaisers haben aus der ersten bayerischen Landesteilung von 1255 nichts gelernt: Bereits zum zweiten Mal in der Geschichte der Wittelsbacher zerreißen sie im September 1349 das unglückliche Land. Ludwig V. „der Brandenburger" (1315–1361),

Oben: Das Wittelsbacher Schloss in Friedberg erwies sich mehrfach als eine schwer einnehmbare Festung.

Ludwig VI. (er wird nach seinem Geburtsort „der Römer" genannt, 1328–1364 oder 1365) und Otto V. „der Faule" (1346–1379) herrschen – so regelt es der Vertrag von Landsberg – in Oberbayern, Tirol und Brandenburg samt der Lausitz. Die anderen drei Brüder – Stephan II. „mit der Hafte" (1319–1375), Wilhelm I. (1330–1389) und Albrecht I. (1336–1404) teilen sich Niederbayern und Holland.

Doch auch dieser Vertrag hält nicht allzu lange. Schon 1353 wird der Regensburger Vertrag geschlossen: Stephan II. erhält nun das südliche Niederbayern mit der Residenzstadt Landshut. Wilhelm I. und Albrecht I. teilen sich die niederländischen Grafschaften – also Hennegau, Holland, Zeeland und Friesland – sowie das „Straubinger Ländchen" mit der dortigen Residenzstadt Straubing. Bereits 1363 kann Stephan II. „mit der Hafte" von Bayern-Landshut aber auch Oberbayern als Erbe für sich beanspruchen. Dadurch sind Ober- und Niederbayern erneut vereint – allerdings nur für einige Jahre.

Wittelsbacher als „Lieblingsfeinde" der Wittelsbacher

Denn schon 1392 zersplittert die dritte Landesteilung den Herrschaftsbereich der Wittelsbacher in ein viergeteiltes Fürstentum: Neben dem seit dem Regensburger Vertrag von 1353 bestehenden Herzogtum Straubing-Holland schafft diese Landesteilung nun drei eigenständige Herzogtümer – Oberbayern-München, Oberbayern-Ingolstadt und Niederbayern-Landshut. Den Wittelsbachern wird diese Aufteilung gut hundert Jahre lang Gelegenheit bieten, sich nach Herzenslust gegenseitig zu bekämpfen: Fast scheint es so, als seien Wittelsbacher die „Lieblingsfeinde" der Wittelsbacher. Doch zunächst einmal schädigt die ständige Uneinigkeit und Teilungssucht der Wittelsbacher – nicht zuletzt die Abtrennung der Pfalz am Rhein von Bayern – das Haus Wittelsbach als Ganzes. Vieles geht in diesen wirren Zeiten verloren, was Kaiser Ludwig IV. „der Bayer" bis in die Zeit von 1346/47 gewonnen oder verteidigt hat.

Bayern verliert die Kurstimme, Tirol und Brandenburg

Den Wittelsbachern in Bayern nimmt der neue Kaiser Karl IV. 1356 mit der Goldenen Bulle zunächst einmal die Kurstimme. Bayern – das größte Land im Reich – hat nunmehr bei der Wahl des römisch-deutschen Königs und damit des jeweiligen nächsten Kaisers nicht mehr mitzureden – und wird so politisch zur zweitrangigen Macht. Verloren gehen teils auch Besitzungen, die sich Ludwig „der Bayer" gesichert hat. 1355 nimmt Kaiser Karl IV. seinem wittelsbachischen

Schwiegervater – Kurfürst Ruprecht I. von der Pfalz – Gebiete in der Oberpfalz ab, die nun zu Neuböhmen werden: Damals kommen Städte wie Lauf, Hersbruck und Weiden zum Königreich Böhmen. 1369 fällt durch den Friedensvertrag von Schärding mit Tirol ein weiteres Territorium (das sich Ludwig VI. „der Brandenburger", der Herzog in Oberbayern, seit 1323 Markgraf von Brandenburg, durch seine Ehe mit der Erbin Tirols – der Gräfin Margarete „Maultasch" – erheiratet hat) an die Habsburger.

Brandenburg ist seit 1373 ein Besitz des neuen Kaisers Karl IV. aus dem Haus Luxemburg. Der schlaue Fuchs hat 1366 seine Tochter Katharina an den Wittelsbacher Otto V. „den Faulen", den Sohn Kaiser Ludwigs IV. „des Bayern", verschachert. Bevor der wohl auch etwas denkfaule Otto (der keinen legitimen Erben hat) die Absichten des Schwiegervaters durchschaut, hat der ihm sein Land, das durch seine Kurstimme nur noch wertvoller ist, nach zwei kurzen Kriegen (1371 und 1373) und mittels einer hohen Abfindung abgeluchst. Der faule Otto geht nach Niederbayern, wo er mit einer Müllerin zusammenlebt. Schon 1350 hatten sich die märkischen Städte Berlin sowie (die heutigen Berliner Stadtteile) Köpenick und Cölln (heute Neukölln) gegen die Landesherrschaft der Bayern aufgelehnt. (Eine politische Tradition, die sich in gewisser Weise bis in die Gegenwart erhalten hat.) Otto „der Faule" und sein Bruder Ludwig VI. „der Römer" hatten daraufhin Berlin und seine Nachbarstädte belagert.

Wittelsbacher heiraten und werden „international"

Gegen die Image- und Gebietsverluste dieser Jahrzehnte im Reich arbeiten die Wittelsbacher erfolgreich auf dem Heiratsmarkt des europäischen Hochadels an. Elisabeth von Bayern-Ingolstadt (um 1370–1435) wird 1385 mit dem König von Frankreich verheiratet. Die schöne Isabeau de Bavière wird zeitweise sogar das Land regieren. Und der Pfälzer Herzog Ludwig III. „der Bärtige" (1378–1436) bekommt 1402 eine englische Prinzessin ab.

Der Weg zur Krone kann auch ein verschlungener sein: Johann von Pfalz-Neumarkt (1383–1443, „der Oberpfälzer", auch: „die Hussitengeißel") – ein bayerischer Pfalzgraf und Herzog – wird zum Mitglied des dänischen Reichsrats. In erster Ehe heiratet er Katharina von Pommern-Stolp, eine Tochter des Herzogs von Pommern. Der einzige überlebende Nachkomme dieser beiden, Christoph III. (1416–1448), wird 1440 zum König von Dänemark, 1441 von Schweden und 1442 von Norwegen gewählt. Nach Otto III., Herzog von Niederbayern

(1261–1312, seine Mutter Elisabeth entstammte dem Geschlecht der Arpaden), der aber nur von Ende 1305 bis März 1307 als König Béla V. in Ungarn regierte, ist Christoph bereits der zweite Wittelsbacher, der außerhalb der Grenzen des Heiligen Römischen Reichs einen Königsthron besteigt.

Wittelsbacher Politik schädigt Aichach und Friedberg

In Bayern führen die Wittelsbacher einen Krieg nach dem anderen. Den wittelsbachischen Städten Friedberg und Aichach fügt die Politik ihrer Landesherren immer wieder großen Schaden zu. Im Streit mit der Reichsstadt Augsburg (unter anderem) um den Zoll an der Lechbrücke kommt es 1372 zu Mord und Todschlag sowie am Ende zum Kampf. Nachdem Herzog Stephan II. „mit der Hafte" und sein Sohn Friedrich Dörfer um Augsburg verbrannt und die Reichsstadt vergeblich belagert haben, rächen sich die Augsburger bereits am 28. Dezember an ihren in Sichtweite gelegenen Nachbarn: Friedberg wird niedergebrannt, nur die Besatzung der Burg kann diesen Angriff abwehren. Dafür wird eine Burg in Stätzling

Die Wittelsbacher – wann, wer, wo und warum?

- **Königin aus der Pfalz:** 1349 heiratet die Wittelsbacherin Anna von der Pfalz, die Tochter des Pfalzgrafen Rudolf II., den römisch-deutschen König Karl IV. aus dem Haus Luxemburg. Sie stirbt schon 1353, doch ihm bringt die Heirat Teile der Oberpfalz, das sogenannte Neuböhmen, ein.
- **Der „tolle Herzog" und noch ein Mord:** Seit dem Regensburger Vertrag von 1353 regiert Wilhelm I. die niederländischen Besitzungen des neuen Teilherzogtums Straubing-Holland. 1357 bricht bei ihm aber eine Geisteskrankheit durch. 1358 übernimmt sein Bruder Albrecht I. die Herrschaft, da Wilhelm als regierungsunfähig gilt. Wilhelm hat zuvor im Wahn einen seiner Ritter erschlagen. In den Niederlanden trägt der Wittelsbacher den Beinamen „de dolle hertog" – „der tolle (verrückte) Herzog".
- **Keine Königswahl:** Kaiser Karl IV., der Luxemburger, schließt die Wittelsbacher in München und Landshut 1356 mit der Goldenen Bulle von der Königswahl aus. Das größte Land im Heiligen Römischen Reich deutscher Nation hat seitdem – und das noch bis 1623 – keine Kurstimme mehr.
- **König von Jerusalem:** 1356 heiratet Agnes – sie ist eine Tochter Herzog Stephans II. „mit der Hafte" und eine Enkelin Kaiser Ludwigs IV. „des Bayern" – König Jakob I. von Zypern, Jerusalem und Armenien.
- **Kaisers Tochter:** Otto V. „der Faule", von 1347 bis 1351 Herzog von Oberbayern, ab 1360 Markgraf von Brandenburg, heiratet 1366 Katharina, die Tochter des Luxemburgers und Kaisers Karls IV.: Berlin ist wittelsbachisch.

zerstört. Die Dörfer Todtenweis, Edenhausen, Pichl und ein Dutzend weitere Dörfer nah bei Friedberg brennen und werden geplündert. Bei Mühlhausen kommt es Anfang 1373 zu einem blutigen Gefecht. Im Sommer wird dann aber doch ein Waffenstillstand geschlossen.

Ein Wittelsbacher löst 1387 den Städtekrieg aus

Schon 1387 löst ein Wittelsbacher in einem zuerst lokalen Konflikt den Städtekrieg aus, der bis 1389 weite Teile Bayerns verwüstet. Der Herzog des nach 1363 für kurze Zeit wieder vereinten Bayern, Friedrich „der Weise" (um 1339–1393), nimmt im November 1387 den Salzburger Erzbischof Pilgrim II. gefangen, um so die Auflösung des Schwäbischen Bunds zu erpressen. Außerdem lässt der Bayernherzog Truppen ins Salzburger Land einfallen. Der Auslöser dieses Konflikts ist ein Abkommen, das die Reichsstädte des Schwäbischen Bunds im Sommer mit dem Erzbischof geschlossen haben. Dieses Bündnis richtet sich gegen die Wittelsbacherherzöge, die Bayern seit 1375 gemeinsam regieren: Friedrich „der Weise", Stephan III. „der Kneißel", und Johann II. – die drei Söhne Herzog Stephans II. „mit der Hafte" (der seit 1363 sowohl in Ober- als auch in Niederbayern regiert hat) und dessen Gemahlin Elisabeth von Sizilien – haben sich 1384 in Aichach getroffen und dort vereinbart, dass Friedrich Niederbayern sowie Stephan III. und Johann II. nunmehr gemeinschaftlich Oberbayern verwalten sollten. Mit diesen Wittelsbachern waren sowohl die schwäbischen Reichsstädte als auch der Salzburger Erzbischof wiederholt in Streit geraten.

1388 wird Friedberg erobert und zerstört

Während Aichach von den Verheerungen des 1387 ausbrechenden Städtekriegs offenbar verschont bleibt, erleidet Friedberg einmal mehr die Nachteile der Grenzlage. Anfang des Jahres 1388 belagert der Schwäbische Bund nicht nur die Burg in Mering, die erobert und niedergebrannt wird. Die Angreifer überfallen auch Stätzling, Rehling und Scherneck – die Burg der Herren von Gumppenberg. Eines der ersten Ziele der feindlichen Truppen ist freilich Friedberg, das erobert und niedergebrannt wird. Lediglich die Friedberger Burg widersteht dem Angriff des Schwäbischen Bunds – die Festung auf der Lechhangkante wird nicht eingenommen.

1395 brennen Wittelsbacher Friedberg nieder

Als es 1392 unter den Enkeln Kaiser Ludwigs IV. „von Bayern" zur dritten bayerischen Landesteilung kommt, erhält Herzog Friedrich „der Weise" das gesamte Teilherzogtum Bayern-Landshut, Johann II.

1388 wird Friedberg von Truppen des Schwäbischen Bunds niedergebrannt und geplündert. Die Burg hält den Angriffen stand. Fünf Jahre später jedoch wird die Festung von den Münchener Herzögen erobert.

den südlichen Teil Oberbayerns – das Herzogtum Bayern-München mit der Residenzstadt München – und Stephan III. „der Kneißel" das nordwestliche Oberbayern mit Ingolstadt. Im zerrissenen Territorium des Herzogtums Bayern-Ingolstadt (zu dem auch das Land „vor dem Gebirge" und das „im Gebirge" – der Chiemgau sowie die Tiroler Gerichte Rattenberg, Kufstein und Kitzbühel – gehören), liegen die Städte Aichach und Friedberg. Das 1353 abgetrennte Teilherzogtum Bayern-Straubing bleibt bei dieser Teilung unangetastet.

Trotz der Teilung: Ohne Händel und Gezänk geht bei den Wittelsbachern nichts. Im Streit um die Vormundschaft für den unmündigen Herzog Heinrich XVI. von Bayern-Landhut (1386–1450) greift Ludwig VII. „der Gebartete" (wohl 1368–1447, erst ab 1413 Herzog von Bayern-Ingolstadt), zu den Waffen. Der Sohn Stephans III. „des Kneißel" – Enkel Herzog Stephans II. „mit der Hafte" sowie Urenkel Kaiser Ludwigs IV. „des Bayern" – löst 1394 den ersten Bayerischen Hauskrieg zwischen der Ingolstädter und der Münchener Linie der Wittelsbacher aus. Erst greift Ludwig vergeblich Freising an, daraufhin plündert er Neustadt an der Donau und „erschlueg der burger viel". Die beiden Münchener Herzöge – Vater Johann und sein Sohn Ernst – rächen sich umgehend. Der Chronist Aventinus hielt fest, was deshalb 1395 in Friedberg geschieht: „Da solchs herzog Hans und sein sun herzog Ernst zu München hörten, warn sie auch auf, zogen für Aicha[ch], stürmeten zwier [zweimal], verlurn aber alweg den sturm; [...] ruckten für [vor] Fridperg und gewannens." Während also die Stadt Aichach in der Lage ist, zwei Angriffe der Herzöge von Bayern-München glücklich abzuwehren, wird die andere Stadt der Wittelsbacher von Wittelsbachern erstürmt und geplündert. Auch die Burg der Edelfreien in Unterschneitbach wird 1395 zerstört.

Die Landesteilung von 1392 schuf die Herzogtümer Bayern-Ingolstadt, Bayern-Landshut und Bayern-München. Bayern-Straubing bestand schon seit 1353.

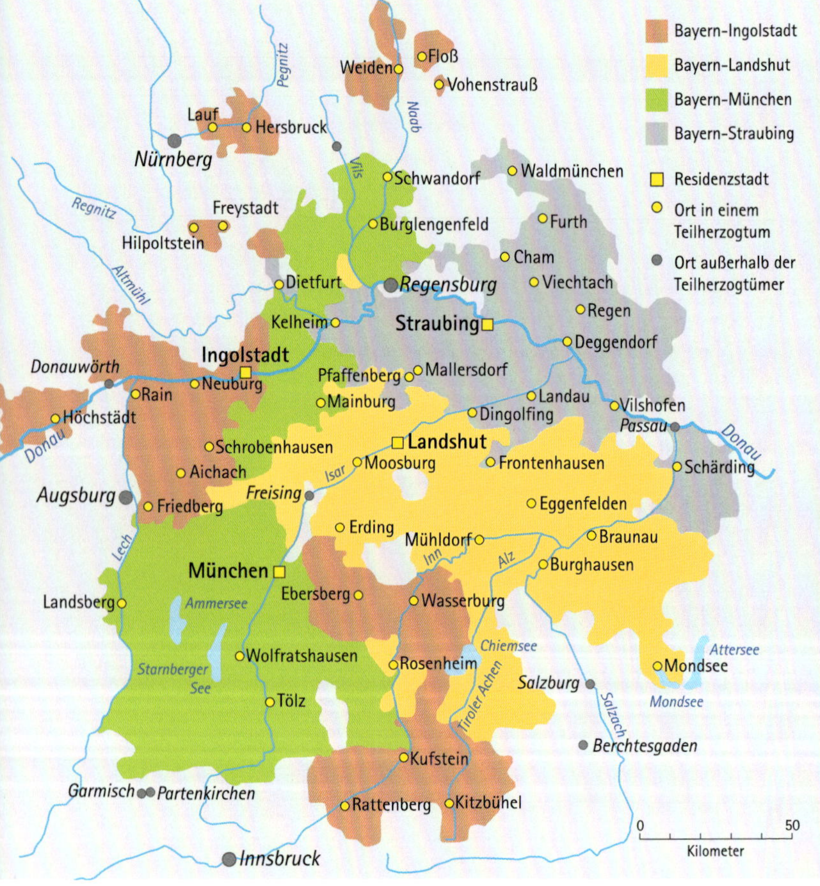

Die Stadtmauern von Friedberg und Aichach

Wohl in Erwartung neuerlicher Kalamitäten lässt Herzog Ludwig VII. „der Gebartete" von 1409 bis 1412 die Stadtmauer von Friedberg umfassend – mit halbrunden Schalentürmen in der Mauer sowie mit runden Mauertürmen an den Ecken – verstärken. Mit einem Gedenkstein (früher wohl an einem Stadttor, später am Rathaus und heute im Inneren der Pfarrkirche St. Jakob eingelassen) hält Herzog Ludwig fest, er habe „Graben und Mauer von neuem machen lassen um die Stadt zu Friedberg". Dasselbe geschieht ab 1418 auch in Aichach. Und auch dort hinterlässt der Herzog von Bayern-Ingolstadt einen bis auf die Inschrift fast identischen wappenverzierten Gedenkstein (heute in die Fassade der Heilig-Geist-Spitalkirche eingelassen), der seine Verdienste um die Verstärkung der beiden Stadttore, um die Erhöhung und den Ausbau der Stadtmauer sowie um die Vertiefung der Stadtgräben überliefert. In Aichach wie in Friedberg ersetzt die gemauerte Stadtbefestigung eine zumindest teilweise noch aus Erdwällen und Palisaden bestehende Umwallung. Offensichtlich rüstet sich der Wittelsbacher in diesen Jahren für die kommenden Konflikte: Denn ähnliche Inschriftensteine wie jene in Friedberg und Aichach lässt er auch in seinen Städten Schrobenhausen, Lauingen, Wasserburg am Inn und Kufstein setzen.

Der Bayernherzog kann sich solche Baumaßnahmen leisten: Denn seine Schwester Elisabeth (wohl 1370–1435) hat 1385 den König von Frankreich geheiratet. Von 1402 bis 1415 hält sich der Bayer fast ständig am Hof der Isabeau de Bavière auf. Französisches Gold fließt nach Bayern – auch, weil der französische König wahnsinnig wird und die Wittelsbacherin das Land regiert. Dem Regentschaftsrat gehört auch ihr Bruder, Herzog Ludwig VII. „der Gebartete", an.

Herzog Ludwig „der Bucklige" im Friedberger Schloss

Dass die Aichacher Stadtmauer gerade ab 1418 ausgebaut wird, hat einen Grund: 1417 – auf dem Konzil in Konstanz – wäre der Herzog von Bayern-Ingolstadt von seinem Verwandten, Herzog Heinrich XVI. „dem Reichen" von Bayern-Landshut, beinahe umgebracht worden: Ludwig überlebt einen Anschlag schwer verletzt. In den Folgejahren sind Friedberg und Aichach für den Herzog von Bayern-Ingolstadt offenbar von größerer Bedeutung: 15-mal hält er sich in Friedberg auf, sogar 31-mal in Aichach. Ludwigs Sohn, Herzog Ludwig VIII. (1403–1445), dem eine Wirbelsäulenverkrümmung den Beinamen „der Bucklige" eingebracht hat, ist 1408 nach Bayern gekommen. Er sitzt mit Prinzessin Margarete – seiner Gattin – auf dem Schloss in

Üble Verwandte: Wittelsbacher gegen Wittelsbacher (I)

- **Der Haken-und-Kabeljau-Krieg (seit 1350):** Margarete von Holland, die zweite Gemahlin Kaiser Ludwigs IV. „des Bayern", gerät 1350 mit ihrem Sohn, Wilhelm I. von Bayern, Herzog von Bayern-Straubing, Graf von Holland und Zeeland sowie das Hennegaus, in Streit. Die daraus resultierenden militärischen Konflikte werden bis 1490 (!) andauern.
- **Krieg wegen der dritten Landesteilung (1392):** Die dritte bayerische Landesteilung trennt Oberbayern und Niederbayern in drei Herzogtümer, doch dann stirbt 1393 Herzog Friedrich von Bayern-Landshut. Im Streit um die Vormundschaft für den siebenjährigen Erben beginnt am Weihnachtstag 1394 nach einem missglückten Angriff Ludwigs VII. „des Gebarteten" von Bayern-Ingolstadt auf Freising der erste Bayerische Hauskrieg.
- **Mordanschlag beim Konzil (1417):** Während des Konzils in Konstanz verübt Herzog Heinrich XVI. „der Reiche" von Bayern-Landshut einen Mordanschlag auf Herzog Ludwig VII. „den Gebarteten" von Bayern-Ingolstadt. Zuvor hat ihn Ludwig dadurch beleidigt, dass er behauptet, der Landshuter Herzog sei der Sohn eines Kochs. Außerdem bezeichnet er Heinrich XVI. als „ainen vergiesser des menschen bluets". Der Beleidigte greift ihn mit 15 Mann an: Sie verprügeln Ludwig, der schwer verletzt wird. Der Herzog von Bayern-Ingolstadt überlebt – und gießt weiter Öl ins Feuer: Seinen Landshuter Verwandten nennt er nun einen „Bluthund".
- **Der Große Krieg (1420–1422):** Der Konflikt zwischen Ludwig VII. „dem Gebarteten" von Bayern-Ingolstadt und Heinrich XVI. „dem Reichen" von Bayern-Landshut wird der „Große Krieg der Herren" genannt. Der Ingolstädter Herzog wird im Verlauf dieses Konflikts durch Bündnisse isoliert. Am Ende unterliegt Ludwig VII. in der Schlacht bei Alling gegen Ernst und dessen Sohn Albrecht III., die beiden Herzöge von Bayern-München.
- **Ingolstädter Familienkrieg (1439–1443):** Ende 1438 beginnt der Aufstand Herzog Ludwigs VIII. „des Buckligen" gegen seinen Vater, Herzog Ludwig VII. „den Gebarteten". Der Vater wird am 1443 in Neuburg an der Donau gefangengenommen. Er verrottet am Ende im Kerker seines Erzfeinds Herzog Heinrich XVI. in Burghausen, wo er schließlich im Mai 1447 stirbt – auch, weil er sich weigert, sich freizukaufen.

Friedberg. Margarete ist die Tochter des Kurfürsten Friedrichs I. von Brandenburg und dessen Gemahlin Elisabeth von Bayern-Landshut (1383–1442, genannt die „schöne Els"), der Tochter von Herzog Friedrich „dem Weisen" von Bayern-Landshut (um 1339–1393). Diese Wittelsbacher – der „Bucklige" wie die Tochter der „schönen Els" – sind ein Beispiel für die im Adel vereinbarten Verwandtenehen. Diese Inzucht hat wohl auch schon Herzog Ludwig VII. „den

Gebarteten" geschädigt: Von den vier Kindern aus seinen zwei Ehen überlebt allein Ludwig – sein Erstgeborener – das sechste Lebensjahr. Ludwig VIII. „der Bucklige" war 1408 nach dem Tod der Mutter, Anna von Bourbon, nach Bayern gebracht worden: „der fürst was genannt der pucklat herzog; wann er was ain ungeschaffner mensch von aller glidmass. er hett ainen kurzen leib, über di mass lange pain, und auf seinem rügk trug er ainen grossen hofer [Höcker]. er ward in Frankreich geboren und in einer krezen gen Bairen getragen, davon er pucklat bas [bucklig wurde], und er was doch weis und het grosse vernunft. er sass zu Fridperg bei Augspurg zu haus mit seiner hausfrauen Margreth, margraf Fridrich von Brandenburg tochter."

Ihren derart missgestalteten Verwandten hatte Margarete 1441 aus politischen Gründen heiraten müssen, um so den Frieden nach dem Bayerischen Krieg zu sichern. Diese Friedberger Schlossherrin wird als eine „wenig schöne Frau" beschrieben, die ein Hauch von Tragik umweht. Die 1410 geborene Tochter des Kurfürsten Friedrich I. von Brandenburg war als Kind schon 1413 verlobt worden, doch der weit ältere künftige Bräutigam starb wenige Monate später. Ihr zweiter Bräutigam verschied 1423 kurz nach der Heirat, noch ehe das Paar zusammengekommen war. Zwei Kinder stammen aus der Ehe mit Ludwig VIII. „dem Buckligen": Beide versterben jedoch früh. Herzog Ludwig VIII. und Margarete halten sich mehrmals im Jahr auf dem Schloss in Friedberg auf. Nach dem Ableben ihres Gemahls im Jahr 1445 nimmt Margarete ihren Witwensitz im Schloss, wo sie bis 1462 lebt. Dort ereignet sich Skandalöses: Der Hofmeister der Schlossherrin ist auch ihr Geliebter. Margarete stirbt 1465 in Landshut.

Wittelsbach gegen Wittelsbach: der Bayerische Krieg

Gegen die Umtriebe des Herzogs von Bayern-Ingolstadt, Ludwigs VII. „des Gebarteten", hat sich 1415 auf dem Konzil von Konstanz ein Verteidigungsbündnis seiner Gegner zusammengeschlossen. Maßgebliche Angehörige der Konstanzer Liga sind bezeichnenderweise ebenfalls Wittelsbacher: Ludwigs Vetter Heinrich XVI. „der Reiche" (1386–1450) von Bayern-Landshut, Ernst (1373–1438) und sein Bruder Wilhelm (1375–1435), die Herzöge von Bayern-München, Pfalzgraf Johann „die Hussitengeißel" (1383–1443, Begründer der Linie Pfalz-Neumarkt), und Ludwig III. „der Bärtige" (1378–1436), der Pfalzgraf und Kurfürst von der Pfalz. (Der Letztere ist der Sohn Ruprechts, der von 1400 bis 1410 römisch-deutscher König war.) Die Liga vereinbart die gegenseitige militärische und diplomatische Hilfe im Kampf gegen Ludwig VII. „den Gebarteten", ihren aggressiven Verwandten. Doch kaum ist der von dem Mordanschlag seines Verwandten Heinrichs XVI. „des Reichen" von Bayern-Landshut auf ihn genesene Herzog von Bayern-Ingolstadt „in sein Land zurückgekommen, nahm auch der Krieg mit Heinrich schon den Anfang; er dauerte mit wenigen Unterbrechungen bis an Ludwigs Tod [1447] wohl mehr als ein Viertel Jahrhundert, mit großen Verwüstungen: den Zorn der Fürsten mußten die armen Bürger und Bauern büßen, eine der verderblichsten Zeiten der bayerischen Geschichte."

Von der Aichacher Einung zum blutigen Bruderkrieg

Als Reaktion auf die Konstanzer Liga lässt sich Ludwig VII. in der sogenannten Aichacher Einung im Januar 1420 den Beistand von 61 Adeligen sowie von 16 Städten und Marktorten zusichern. Mehr als hundert fremde Ritter werden angeworben: Ihnen werden außer Gold und Ersatz für die im Kampf getöteten Pferde auch „Stechen, Rennen, Sturm und Scharmützel [,] schöne Frauen und Tanzen nach Herzenslust" versprochen. Ludwig VIII. „der Bucklige" beginnt den Krieg, als er in Gebiete der Grafen von Oettingen einfällt, während König Sigismund I. gerade mit einem Heer von 100 000 Mann verzweifelt gegen den Einfall der Hussiten in der Oberpfalz kämpft. Ludwig VII. trägt den Krieg Ende 1420 auch in das Territorium des ihm verhassten Markgrafen Friedrich von Brandenburg, den sein Amt als Reichshauptmann in den Hussitenkriegen fernhält. Trotz eines Waffenstillstands zwischen Herzog Ludwig VII. und der Markgräfin – der Wittelsbacherin Elisabeth von Bayern-Landshut, der „schönen Els" – besetzt oder verwüstet der Wittelsbacher weiter Orte und Plätze im Gebiet des Markgrafen. Am 21. Oktober brennen Truppen Herzog Ludwigs VII. die Burggrafenburg in Nürnberg nieder. 1421 sammelt sich das Heer des Ingolstädter Herzogs bei Aichach, um danach in Niederbayern einzufallen, wo hunderte Dörfer sowie

Rauten und Löwen der Wittelsbacher zieren auch das Tor des Wittelsbacher Schlosses in Friedberg. Anfang des 15. Jahrhunderts residierte hier Herzog Ludwig VIII. „der Bucklige" mit seiner Gemahlin, der Hohenzollernprinzessin Margarete, deren Mutter eine Wittelsbacherin war.

zahlreiche Burgen verwüstet werden. Es war ein Bruderkrieg, der in der „Art, wie er geführt wurde, wie gewöhnlich sich mehr zerstörend für das Land als blutig für die Kriegsführung erwies."

Herausgeschnittene Zungen und abgehackte Hände

An blutigen Grausamkeiten mangelt es freilich nicht. Als Bürger der Reichsstädte Augsburg und Donauwörth 1422 gemeinsam die Burg Graisbach (an der Donau bei Marxheim) stürmen, befiehlt Herzog Ludwig VII. „jedem Donauwörther, welchen man immer erwische, die Zunge auszuschneiden und die beiden Hände abzuschlagen". Es bleibt nicht nur bei Worten: An einem gefangenen Donauwörther Bürger wird gleich mal ein Exempel statuiert. Vielleicht ist die Wut der Wittelsbacher deshalb so groß, weil sich der Sohn – Ludwig VIII. „der Bucklige" – nach dieser Burg auch „Graf von Grayspach" nennt. Dass ein Wittelsbacher jederzeit zu exquisiten Grausamkeiten fähig ist, hat an Ostern 1410 bereits Heinrich XVI. (1386–1450), Herzog von Bayern-Landshut, bewiesen. Als eine Verschwörung Landshuter Bürger gegen den gefürchteten Herrn der Stadt (seine Burg Trausnitz – „Trau sin nit" – erhält ihren Namen, weil man diesem heimtückischen Herzog nicht über den Weg traut) auffliegt, rächt sich der Wittelsbacher durch Köpfen, Blenden und Hände abhacken.

1422 brennen Wittelsbacher Friedberg nieder

Im Bayerischen Krieg wird Friedberg im Frühjahr 1422 neuerlich zerstört – und wieder durch Wittelsbacher. Der Geschichtsschreiber Aventinus überliefert: „Herzog Ernst und Wilhelm von Münichen [...] legten sich für Fridperg, lagen sex monat darvor und bezwangen die stat." Als die Angreifer – das durch Truppen des Landshuter Herzogs Heinrich XVI. verstärkte Heer der Herzoge von Bayern-München – am 22. August wieder abziehen, brennen sie Friedberg nieder. Nur das stark befestigte Schloss auf der Lechhangkante kann trotz einer sechsmonatigen Belagerung nicht eingenommen werden.

Das Ende des Kriegs – die Schlacht bei Alling

Statt seiner bedrängten Stadt zu helfen, greift Herzog Ludwig VII. „der Gebartete" von Bayern-Ingolstadt entgegen eines strengen Friedensgebots und trotz der Bannandrohung des römisch-deutschen Königs Sigismunds I. die Stadt München an. Der Rauch über den brennenden Dörfern Germering und Pasing warnt die Türmer. Statt die Residenzstadt der Herzöge von Bayern-München zu überfallen, werden die Truppen des Ingolstädter Herzogs am 19. September zwischen Hoflach und Alling selbst überrascht und entscheidend geschlagen. Bekannt wird die Schlacht bei Alling auch dadurch, dass Herzog Albrecht III. spektakulär gerettet wird. Als Albrechts Pferd von Feinden umzingelt stürzt, kämpft sich Herzog Ernst selbst zu seinem Sohn durch: „Do dieß sein Vater vermerkt, entbrannt er vor jaher Hiz und Zorn, und ergriff seinen Kolben mit beyden Händen, wiewohl der schon sehr blutig was [war], und klopfte rechts und links dermassen plumpb und küebig (stark, heftig) darein, bis er endlich auf den todten Körpern sich einen weg zu seinem Sohn machte, und ihn befreyte." Im Oktober 1422 wird in Regensburg ein vierjähriger Waffenstillstand vereinbart.

Herzog Ludwig VII. wegen Friedberg im Kirchenbann

Ludwig VII. zieht sich an den Hof König Sigismunds I. in Ungarn zurück. Jahrelang bleibt der Herzog von Bayern-Ingolstadt seinem Land fern. Friedfertiger macht ihn dieses Exil mitnichten. Als er in Friedberg fremde Klosterleute zu Arbeiten an der Stadtmauer und am Schloss heranziehen lässt, kommt es zum Streit: 1431 klagen ihn sechs Klöster auf dem Konzil von Basel wegen Räuberei an. Ludwig VII. „der Gebartete" gibt trotz eines kaiserlichen Urteils von 1434 nicht nach. Der Herzog „nahm" (so das „Stadtbuch Friedberg") den „Kirchenbann und den Ruf eines Klosterschänders bis auf sein Lebensende auf sich, um ein Herrschaftsrecht durchzusetzen."

Ingolstädter Familienkrieg: der Sohn gegen den Vater

1438 lehnt sich Herzog Ludwig VIII. „der Bucklige", der eigene Sohn, gegen Ludwig VII. auf. Sogleich öffnen Aichach und Friedberg dem Sohn die Tore. Nur das Friedberger Schloss muss sechs Monate lang belagert werden, bis die Besatzung aufgibt: „sy hetten nimmer ze essen und gaben das haus uff, da nam man sy gevangen". Herzog Ludwig VII. flüchtet sich ins stark befestigte Neuburg an der Donau. Diese Stadt wird im Oktober 1443 nach viermonatiger Belagerung erstürmt, Herzog Ludwig VII. „der Gebartete" gefangengenommen. Seine Räte kerkert man ein Jahr lang in Friedberg im Turm ein.

Das Herzogtum Bayern-Ingolstadt richtet sich also schließlich selbst zugrunde. Der jüngere Ludwig stirbt noch vor seinem Vater im Jahr 1445. Der ältere Ludwig endet erst 1447 – im Alter von 81 Jahren – im Kerker der Festung in Burghausen, wo ihn sein Verwandter und Erzfeind – Heinrich XVI. „der Reiche" von Bayern-Landshut – im Kerker verrotten lässt. 1447 fällt Ludwigs Herzogtum Bayern-Ingolstadt an die Herzöge von Bayern-Landshut. Bis 1506 sind Aichach und Friedberg Städte im Territorium der niederbayerischen Herzöge.

Die Wittelsbacher – wann, wer, wo und warum?

- **Königin von Frankreich:** Der französische Thronfolger Karl VI. heiratet 1385 die wittelsbachische Prinzessin Elisabeth von Bayern-Ingolstadt, die Tochter Herzog Stephans III. „des Kneißel". Die schöne Isabeau de Bavière wird Königin und – da König Karl VI. geisteskrank wird – auch Regentin Frankreichs. Die Franzosen feiern sie als „Lilienkönigin von Paris". Diese Wittelsbacherin würde man heute wohl eine „Skandalnudel" nennen.
- **Königinnen Böhmens:** Johanna von Straubing-Holland wird 1370 als Achtjährige mit dem späteren böhmischen König und römisch-deutschen König Wenzel von Luxemburg verheiratet. Wenzel (er ist Alkoholiker und geisteskrank) lässt sie 1386 von seinem Jagdhund zerreißen. Als „Ersatz" heiratet er 1389 die Tochter Herzog Johanns II. von Bayern-München – Sophie: Ihren Beichtvater Johann Nepomuk lässt Wenzel 1393 ertränken.
- **Deutscher König:** Im Jahr 1400 wird der Pfälzer Kurfürst Ruprecht III. „der Klem" als zweiter Wittelsbacher nach Kaiser Ludwig „dem Bayern" zum römisch-deutschen König gewählt. Kaiser wird er aber nicht.
- **Stammmutter der Preußen:** Elisabeth, die Tochter Herzog Friedrichs von Bayern-Landshut, heiratet 1401 Markgraf Friedrich I. von Brandenburg. Ausgerechnet eine Wittelsbacherin – „die schöne Els" – wird zur Stammmutter der hohenzollerschen Markgrafen und Kurfürsten von Brandenburg, der preußischen Könige und (ab 1871) deutschen Kaiser.
- **Königstochter aus England:** Ruprecht, der Kurfürst und König aus der Pfälzer Linie, verheiratet 1402 seinen 26 Jahre alten Sohn Ludwig III. „den Bärtigen" mit der zehnjährigen Prinzessin Blanca von England, der Tochter Heinrichs IV., des ersten englischen Königs aus dem Haus Lancaster.
- **Ende von Bayern-Straubing-Holland:** Die Linie Bayern-Straubing und Holland endet 1425. Herzog Johann III. wird vergiftet. Der bayerische Teil des Herzogtums wird unter den drei wittelsbachischen Linien aufgeteilt.
- **Tod in der Donau:** 1432 heiratet (vermutlich) Albrecht III. „der Fromme", Herzog von Bayern-München, unstandesgemäß und heimlich die Augsburger Baderstochter Agnes Bernauer. Doch ihr Schwiegervater Herzog Ernst lässt die schöne Bernauerin 1435 als Hexe in der Donau ertränken. Diesen Justizmord nimmt Albrecht seinem Vater nicht lange krumm: Er heiratet nur ein Jahr und drei Wochen später – nun aber standesgemäß.
- **Königskrone Böhmens:** 1439 wird Herzog Albrecht III. die Krone des Königs von Böhmen angetragen. Der Wittelsbacher lehnt ab, da eine Vorbedingung war, dass Bayern Teil des Königreichs Böhmen werden müsse.
- **König von Skandinavien:** 1440 wird Christoph, der 1416 geborene Sohn von Herzog Johann „der Hussitengeißel", aus der wittelsbachischen Linie Pfalz-Neumarkt erst zum König von Dänemark, 1441 auch zum König von Schweden und zuletzt 1442 zum König von Norwegen gewählt.

Albrecht IV. führt das Primogeniturgesetz ein – (fast) das Ende der Teilungen

Vom Reichskrieg über den Erbfolgekrieg zur Einheit des Herzogtums Bayern

Nicht nur die Wittelsbacher sind legendär – ihre Sturheit und Streitlust sind es auch. Als der Landshuter Herzog Georg 1503 ohne männlichen Erben stirbt, beginnt trotz aller Vermittlungsversuche der Krieg zwischen den Wittelsbachern in der Pfalz und denen in München. 1505 gibt es nur einen Gewinner – König Maximilian I. von Habsburg, der sich als „Lohn" für die Schlichtung des Streits ein paar Filetstücke aus dem Land schneidet. Immerhin ist Bayern nach dem Landshuter Erbfolgekrieg weitestgehend vereint. 1506 regelt das Primogeniturgesetz, dass künftig nur noch der Erstgeborene das ungeteilte Land regiert.

1458 herrscht schon wieder Krieg im Land. 1457 haben sich zwei Parteien gebildet: der Markgraf Albrecht Achilles von Brandenburg-Ansbach und sein Bruder, Kurfürst Friedrich II. von Brandenburg,

Oben: 1448 nimmt Margarete von Brandenburg nach dem Tod Ludwigs VIII. „des Buckligen" das Friedberger Schloss als Witwensitz. 1462 verlässt sie die Stadt, weil sich Wittelsbacher und Hohenzollern bekriegen. Margaretes Porträt sieht man im Friedberger Ratssaal.

sowie ihre Verbündeten auf der einen Seite und auf der Gegenseite vorneweg zwei Wittelsbacher – Kurfürst Friedrich „der Siegreiche" von der Pfalz (1425–1476) und Ludwig „der Reiche" (1417–1479), Herzog von Bayern-Landshut, sowie deren Bündnispartner. Auslöser ist das Vormachtstreben des Markgrafen von Brandenburg-Ansbach im Gebiet um die Reichsstadt Nürnberg. Der auch Fürstenkrieg genannte Bayerische Krieg wird von 1458 bis 1463 dauern und sich (auf deutschem Boden) nicht nur zum längsten, sondern auch zum härtesten militärischen Konflikt in der zweiten Hälfte des 15. Jahrhunderts ausweiten. Die Bayern in Friedberg und die Augsburger führen damals einen dauernden Grenzkrieg: Mal ermordet man ein paar Bauern, mal brennt man einige Dörfer nieder und mal stiehlt man das Vieh von der Weide oder aus den Ställen. So erbeutet etwa 1462 Markgraf Albrecht Achilles nach einem Raubzug am östlichen Ufer des Lechs „bei 400 haupt küe und 300 ross und bei 600 haupt seu, schaff und gaiß". Zuvor hat er 21 Dörfer niedergebrannt.

Wittelsbachische Hohenzollerin auf Schloss Friedberg

Im Bayerischen Krieg bereitet die Schlossherrin den Friedbergern Sorgen, obwohl das stark befestigte und mit zahlreichen Söldnern besetzte Schloss auf jeden Angriff vorbereitet ist. Denn schon seit 1448 hat Margarete von Brandenburg, die Tochter des Kurfürsten Friedrich I. von Brandenburg und dessen Gemahlin Elisabeth von Bayern-Landshut, auf dem Schloss in Friedberg ihren Witwensitz. Die Schlossherrin, die also sowohl den Hohenzollern als auch den mit ihnen verfeindeten Wittelsbachern verbunden ist, befindet sich nun in einer unangenehmen Situation. 1462 verlässt Margarete das Schloss, um ihre letzten Jahre mit ihrem Friedberger Hofmeister und Geliebten auf Burg Isareck bei Landshut zu verleben. Herr über Friedberg und sein Schloss ist nun Herzog Ludwig IX. „der Reiche", der seit 1450 im Teilherzogtum Bayern-Landshut regiert.

1474 verheiratet Herzog Ludwig IX. „der Reiche" (1417–1479) von Bayern-Landshut seinen Sohn Georg „den Reichen" (1455–1503) mit Prinzessin Hedwig von Polen – die prachtvoll gefeierte Landshuter Hochzeit wird legendär. Doch aus dieser Glück verheißenden Heirat entsteht neues Elend, da das Paar keinen männlichen Erben hat. Für den Fall ihres Aussterbens im Mannesstamm haben Bayern-Landshut und Bayern-München vereinbart, dass die jeweils andere Linie das Herzogtum erben soll, wenn kein legitimer Erbe vorhanden sei. Herzog Georg hält sich jedoch weder an die wittelsbachischen Hausverträge noch an das Reichsrecht: Er will das niederbayerische

Herzogtum an seine Tochter Elisabeth (1478–1504) und Ruprecht von der Pfalz (1481–1504) vererben, die 1499 geheiratet haben: Der Wittelsbacher ist der Sohn des Kurfürsten Philipp von der Pfalz „des Aufrichtigen" (1448–1508), der im Jahr 1474 Margarete von Bayern-Landshut (1456–1501), die Tochter Herzog Ludwigs IX. von Bayern-Landshut, geehelicht hat. Viel mehr Wittelsbach als aus dieser Verwandtenehe geht kaum, und viel mehr Bayern-Landshut schon gleich gar nicht: Herzog Georg „dem Reichen" sind deshalb die mit ihm so nah Verwandten näher als die ferne Verwandtschaft im Herzogtum Bayern-München.

Wittelsbachische Sturheit löst den Erbfolgekrieg aus

Als Herzog Georg „der Reiche" am 1. Dezember 1503 in Ingolstadt stirbt, wird wittelsbachische Sturheit und Streitlust zum Auslöser des 1504 beginnenden Kriegs: „Ausschlaggebend für das Scheitern der Vermittlungsbemühungen und den Ausbruch des Landshuter Erbfolgekrieges war", so das „Historische Lexikon Bayerns", „[...] die Kompromisslosigkeit der beiden wittelsbachischen Parteien."

Zu den Verhandlungen eines für den Februar 1504 einberufenen Fürsten- und Landtags in Aichach hält sich auch König Maximilian I.

Die Wittelsbacher – wann, wer, wo und warum?

- **Landshuter Hochzeit:** 1474 verheiratet Herzog Ludwig IX. „der Reiche" von Bayern-Landshut seinen Sohn Georg (auch er wird später den Beinamen „der Reiche" tragen) mit Prinzessin Hedwig von Polen. Sie ist die Tochter des Jagiełłonen Kasimir IV., des Königs von Polen. Die „Landhuter Hochzeit" lässt sich der stolze Brautvater ein Vermögen kosten.
- **Reines Bier:** Eines der bekanntesten Gesetze aus der Ära der Wittelsbacher ist das Reinheitsgebot, das die bayerischen Herzöge Wilhelm IV. und sein Bruder Ludwig X. am 24. April 1516 erlassen.
- **Keine Reformation:** Die Herzöge Wilhelm IV. und Ludwig X. entscheiden sich gegen Luther und die neue Lehre. Sie sei „verfürisch, argwonisch, verdechtlich und ketzerisch" und wird folglich „verdampt und verpoten".
- **Bayerns erste Universität:** 1472 gründet Herzog Ludwig IX. „der Reiche" die Universität Ingolstadt – eine Frühform staatlicher Standortförderung, als nach der Eingliederung des Teilherzogtums Bayern-Ingolstadt in das Herzogtum Niederbayern Landshut alleiniger Regierungssitz wird.
- **Brautraub:** Herzog Albrecht IV. heiratet 1487 Kunigunde von Österreich, die Schwester Maximilians I. Der Wittelsbacher entführt die Habsburgerin, als er sich mit Kaiser Friedrich III. nicht über die Mitgift einigen kann.

Üble Verwandte: Wittelsbacher gegen Wittelsbacher (II)

- **Fast ein Brudermord, dann noch ein Mord (1471–1485):** Christoph „der Starke" von Bayern-München will im Herzogtum mitregieren, doch sein älterer Bruder Albrecht IV. „der Weise" nutzt seine Verschwendungssucht und bootet ihn aus. Christoph verschwört sich daher mit etlichen Adeligen und plant einen Brudermord. Albrecht kommt ihm zuvor, lässt ihn in einem Bad gefangennehmen und 19 Monate im Turm schmoren. Wegen seiner Schulden werden Christoph 1485 die letzten Besitzungen genommen. An der Exekution ist Graf Niklaus von Abensberg beteiligt. Er ist auch derjenige, der Christoph 1471 festgenommen hat. Christoph lässt den Grafen aus Rache umbringen. Der Brudermord ist vermieden, doch einmal mehr geht ein Mord auf das Konto eines Wittelsbachers.
- **Landshuter Erbfolgekrieg (1504/05):** Herzog Georg „der Reiche" von Bayern-Landshut und seine Gemahlin Hedwig von Polen haben keinen männlichen Erben. Den Hausvertrag missachtend, hinterlässt Georg das Herzogtum seiner Tochter und deren Gemahl aus der Pfälzer Linie der Wittelsbacher – Ruprecht „dem Tugendhaften". Seinem erbberechtigten Schwager in München – Herzog Albrecht IV. „dem Weisen" – passt das nicht. Ein Krieg von Wittelsbachern gegen Wittelsbacher verheert Bayern.

im März zwei Wochen lang in der Stadt auf – aber erst, nachdem der Habsburger ausgiebigst der Jagd um Inchenhofen gefrönt hat. Am 23. April 1504 spricht der Habsburger im Augsburger Entscheid dem Münchener Herzog Albrecht IV. „dem Weisen" (1447–1508) das niederbayerische Erbe zu. Herzog Albrecht kann Ende April und Anfang Mai nicht nur die Städte Friedberg und Aichach, sondern auch die Orte Kühbach, Inchenhofen und Aindling ohne jede Kampfhandlung in Besitz nehmen. Die Gegend um Aichach und Friedberg ist damit eine „Insel der Seligen": Denn fast überall sonst kämpfen Bayern und Pfälzer gegeneinander, plündern und brennen Dörfer nieder. Der Landshuter Erbfolgekrieg gehört „mit zu den grauenvollsten Kriegen in der bayerischen Geschichte". Jahrelang müsse er schreiben, wenn er all die Gräuel festhalten wollte, die in diesem Krieg verübt werden, klagt der Abt eines Klosters.

Im Friedberger Schloss wird die Reichsacht verhängt

Schon Ende April respektive Anfang Mai 1504 haben die Truppen Herzog Albrechts IV. von Bayern die bisher niederbayerischen Gebiete an Lech und Paar besetzt: „Item so nam ein herzog Albrecht Fridperg und Aichach." Diese Besetzung geht kampflos und damit – ausnahmsweise – für die beiden Städte mal ohne Kriegsschäden ab.

Über Ruprecht und seinen Vater – Kurfürst Philipp von der Pfalz – verhängt der römisch-deutsche König Maximilian I. die Reichsacht. Formell ausgesprochen wird die Reichsacht am 4. Mai 1504 im Schloss in Friedberg. Der Krieg endet am 30. Juli 1505 mit dem Kölner Schiedsspruch Maximilians I.: Elisabeths Söhnen, den Enkeln von Herzog Georg „dem Reichen" – Ottheinrich (1502–1559) und Philipp „dem Streitbaren" (1503–1548) –, wird jetzt ein territorialer Flickenteppich zwischen dem Donautal und der Oberpfalz zugesprochen. Die Residenzstadt der sogenannten Jungen Pfalz (auch: Pfalz-Neuburg) ist Neuburg an der Donau. Das Haupterbe erhalten allerdings die Herzöge in München – Albrecht IV. „der Weise" (1447–1508) und sein Bruder Herzog Wolfgang (1451–1514). 1506 wird Wolfgang zugunsten Albrechts IV. und dessen Erben gegen eine üppige Abfindung aber auf das Herzogtum Bayern verzichten.

1506 ist Bayern wieder weitgehend vereint

Das Herzogtum Bayern ist nach drei Landesteilungen fast wieder vereint. Der große Gewinner des wittelsbachischen Erbfolgekriegs ist jedoch König Maximilian I. von Habsburg. Er lässt sich seine Vermittlung im Erbschaftsstreit teuer bezahlen und nimmt Bayern große Gebiete ab. Am Ende fallen unter anderem Kufstein, Rattenberg und Kitzbühel mit ihren wertvollen Bergwerken sowie Teile des Zillertals an Tirol. Die Pfalz muss die elsässischen Landvogteien Hagenau und Ortenau an den so „einnehmenden" Habsburger abtreten. Zu Vorderösterreich kommt die Grafschaft Kirchberg und Weißenhorn, die Maximilian I. 1507 an den Bankier Jakob Fugger verkauft. Die Stadt Heidenheim verliert Bayern an Württemberg.

Seinen Beinamen „der Weise" verdient sich Herzog Albrecht IV. wohl vor allem durch die Einführung des Primogeniturgesetzes. Dadurch bestimmt der Münchener Herzog am 8. Juli 1506, dass künftig nur noch der jeweils erstgeborene Sohn des bayerischen Herzogs das Land ungeteilt regieren soll. Das wird nach seinem Tod nur bedingt funktionieren: Auch seine Söhne aus seiner Ehe mit Kunigunde von Österreich, der Schwester Maximilians I., sind streitlustige Wittelsbacher. Herzog Wilhelm IV. (1493–1550) bekommt es mit seinem jüngeren Bruder Ludwig X. (1495–1545) zu tun, der entgegen der Bestimmungen des Primogeniturgesetzes ebenfalls regieren will.

Man streitet, man einigt sich – und teilt schon wieder. Ludwig X. darf ab 1514 von Landshut aus als Herzog von Bayern herrschen, freilich nur in einem Territorium um Landshut und Straubing.

Wittelsbachische Lust am Krieg – die Last der Bayern

- **Kein Bauernkrieg:** Irgendwo Krieg? Wittelsbacher aus Bayern oder aus der Pfalz sind fast immer mit dabei. Eine Ausnahme ist der Bauernkrieg. Denn „[...] in Bayern hielten die Herzoge Wilhelm und Ludwig, diese freilich mit härtester Gewalt, die Ordnung aufrecht." Nachfolgend eine Auswahl (!) dessen, wo, wann und wieso die Wittelsbacher Kriege führen.
- **Krieg gegen Habsburg (1313 und 1322):** In der Schlacht bei Gammelsdorf schlägt Herzog Ludwig IV. „der Bayer" das Heer von Herzog Friedrich „dem Schönen" von Habsburg sowie dessen Verbündete aus Niederbayern und Ungarn. In der Schlacht bei Mühldorf besiegt König Ludwig IV. „der Bayer" – er ist ab 1328 Kaiser – erneut seinen Gegenkönig Friedrich.
- **Tiroler Erbfolgekrieg (1363–1369):** Wittelsbacher und Habsburger kämpfen um Tirol. Am Ende behält Habsburg das Land in den Bergen.
- **Städtekrieg (1387–1389):** Der Wittelsbacher Friedrich „der Weise" bekriegt den Schwäbischen Bund. Weite Teile Bayerns sind verwüstet.
- **Erster Bayerischer Hauskrieg (1394/95):** Das Teilherzogtum Bayern-Ingolstadt kämpft gegen das Teilherzogtum Bayern-München – Wittelsbacher gegen Wittelsbacher. Ende 1395 versöhnt man sich.
- **Großer Bayerischer Krieg (1420–1422):** Erneut bekriegen sich das Herzogtum Bayern-Ingolstadt und das Herzogtum Bayern-München.
- **Hussitenkrieg (ab 1421):** Die Hussiten fallen in der Oberpfalz ein – die Wittelsbacher haben jedoch (mit Ausnahme ihrer Linie Pfalz-Neumarkt) damals vor allem mit sich selbst zu tun.
- **Ingolstädter Familienkrieg (1438–1443):** Herzog Ludwig VIII. „der Bucklige" kämpft gegen seinen Vater – Ludwig VII. „den Gebarteten".
- **Fürstenkrieg (1458–1463):** Herzog Ludwig IX. „der Reiche" kämpft in dem auch Bayerischer Krieg genannten Konflikt mit dem Kaiser und dem Markgrafen von Brandenburg um die Vorherrschaft im Raum Nürnberg.
- **Landshuter Erbfolgekrieg (1504/05):** Ein Krieg ohne große Schlachten, der Bayern trotzdem verwüstet. Bei den Kämpfen von Wittelsbachern gegen Wittelsbacher (und an den Folgen) sterben dennoch Zehntausende.
- **Noch viel mehr Krieg:** Im Kölnischen Krieg (1583–1589) geht es um den Bischofsstuhl für Ernst von Bayern. Die ganz großen Kriege sollten jedoch erst noch kommen – der verheerende Dreißigjährige Krieg (1618–1648), aber auch die Türkenkriege (1683–1699), in denen tausende bayerischer Soldaten fallen. Es folgen der Pfälzische Erbfolgekrieg (1689–1697), der Spanische Erbfolgekrieg (1701–1714), der Österreichische Erbfolgekrieg (1741–1748) und der Siebenjährige Krieg (1756–1763). Im Bayerischen Erbfolgekrieg (1778/1779) sterben die Soldaten vor allem an der Ruhr. Die Koalitionskriege dauern von 1792 bis 1815: Allein der Russlandfeldzug Kaiser Napoleons von 1812 kostet zehntausende Bayern das Leben.

Schloss Friedberg brennt – im neuen Renaissancebau wird fürstlich gefeiert

Die Wittelsbacher als Schuldenmacher, Glaubenskämpfer und Kriegstreiber

Bald nach 1500 beginnt die Zeit der Renaissance in Deutschland: Renaissance prägt auch das nach einen Brand teilweise neu erbaute Schloss in Friedberg, wo die Herzoginwitwe Christina von Lothringen rauschende Feste feiert. Über dem Land ziehen sich dunkle Wolken zusammen. Im konfessionellen Zeitalter prallen alter und neuer Glaube aufeinander – auch und gerade im Haus Wittelsbach: Bald nach 1600 stürzen zwei Wittelsbacher Deutschland in den Abgrund.

Unter Herzog Wilhelm IV. „dem Standhaften" erfährt Bayern ab 1508 eine längere Phase ohne Krieg, jedoch ohne inneren Frieden. Denn standhaft ist der Wittelsbacher vor allem im Kampf für den „rechten" Glauben. 1522 haben sich die Herzöge Wilhelm IV. und Ludwig X. gegen die Lehre Luthers entschieden. Die Schwärmerbewegung der Wiedertäufer lässt Herzog Wilhelm IV. grausam verfolgen. Als Augsburg 1537 die Reformation einführt, verbietet der

Oben: An die fürstlichen Feste im Renaissanceschloss in Friedberg erinnert diese Musikantenszene in den Wandfresken des Ratssaals im dortigen Rathaus.

Das heutige Verwaltungsgebäude der Stadt Friedberg wurde im 16. Jahrhundert als Jesuitenkolleg erbaut.

Herzog bei Androhung der Todesstrafe, Gottesdienste in der Reichsstadt zu besuchen. Im konfessionellen Zeitalter kommt es zu ersten deutschen Glaubenskriegen, doch Bayern mogelt sich von 1546 bis 1547 mit einem Geheimvertrag durch den Schmalkadischen Krieg, der sich ebenso gegen Kaiser Karl V. von Habsburg richtet wie 1552 der Fürstenaufstand der protestantischen Landesherren und Städte.

Als Wilhelm IV. im März 1550 stirbt, wird sein Sohn Albrecht V. „der Großmütige" (1528–1579), der seit 1546 mit Erzherzogin Anna von Österreich – der Tochter Kaiser Ferdinands I. – verheiratet ist, der neue Herzog von Bayern. Albrecht holt Ende 1549 die Jesuiten nach Bayern, und er vertreibt die Protestanten ebenso aus dem Land wie – am Vorabend des Weihnachtstags von 1551 – die Juden. Fast scheint es, als wollten die Wittelsbacher dieser Zeit die über Jahrhunderte ausgetragenen Konflikte ihrer Familie mit der Kirche in Rom durch demonstrativen Glaubenseifer vergessen machen. Dass jedoch die Austreibung der Protestanten und der Juden den Steuereinnahmen des Landes nicht eben guttut, bekommen die Bayern zu spüren. Als Herzog Albrecht V. 1579 stirbt, ist die Abgabenlast seiner „Landeskinder" viermal so hoch wie bei seinem Regierungsantritt. Doch weil Albrecht das Geld so leichtfertig ausgibt, um der

Kunst und der Architektur zu huldigen, wird zeitweise die Hälfte der Staatseinnahmen nur zur Tilgung der Staatsschulden verwendet.

Fürstliche Renaissancefeste im Friedberger Schloss

Dass das Friedberger Schloss 1541 bis auf die Grundmauern abbrennt und bis 1559 wieder aufgebaut werden muss, ist angesichts der hohen Staatsschulden einerseits schon fast egal, andererseits eine Konjunkturspritze für Friedbergs Handwerker. Vor allem aber entspricht der Neubau dem Zeitgeschmack. Deshalb beginnt unter Herzog Albrecht V. im Friedberger Renaissanceschloss eine Phase fürstlicher Feste. Das erste dieser Feste wird 1561 in Anwesenheit von Herzog Albrecht und seiner Gemahlin – der Erzherzogin und Kaisertochter Anna von Österreich – sowie von fünf weiteren der insgesamt neun Töchter Kaiser Ferdinands I. gefeiert.

Albrechts Sohn und Nachfolger – Herzog Wilhelm V. „der Fromme" (1548–1626) – steht dem Vater in Sachen Geldverschwendung und Schuldenmacherei in nichts nach. Als Wilhelm V. 1568 in München Prinzessin Renata von Lothringen heiratet, heißt es danach, dass es in der Residenzstadt noch nie ein üppigeres Fest gegeben habe: Die Prachtentfaltung soll selbst die der Landshuter Hochzeit übertroffen haben. Mit der Gemahlin kommt die Schwiegermutter nach Bayern – Christina von Lothringen. Die Residenz in Landshut sagt der Herzoginwitwe von Lothringen aber nicht zu – zu wenig Luxus, zu wenig Hauch von großer Welt. Beides sucht Herzogin Christine in der Nähe von Augsburg, wo sie auch mit den Fuggern verkehrt. Von 1568 bis 1575 macht sie das Schloss in Friedberg „zu einem Mittelpunkt des Hoflebens in Bayern". Friedberg erlebt eine Glanzzeit: Im Schloss soll der bekannteste Komponist der Renaissance, Orlando di Lasso, mit der Münchener Hofkapelle aufgespielt haben. Die Chroniken berichten von pompöser Prachtentfaltung, von Fasnachtstreiben und Ballspielen, Komödianten, exotischen Tieren und sogar einem Hofnarr namens Christl Narr. Als sich die prunk- und feiersüchtige, wohl auch etwas tyrannische Schlossherrin 1575 nach Lothringen zurückzieht, wird es wieder still im Schloss.

In Bayern macht sich in diesen Jahrzehnten der Glaubensstreit immer stärker bemerkbar – auch in Friedberg, wo die Jesuiten eine Kirche bauen (von der heute noch Relikte eines Giebelreiters in der Jesuitengasse erhalten sind) und ein Kolleg einrichten (im heutigen Verwaltungsgebäude der Stadt Friedberg am Marienplatz). Während also Jesuiten in Friedberg und im nahen Augsburg mit Förderung der Münchener Wittelsbacher die Gegenreformation vorantreiben, gehen andere Wittelsbacher den genau entgegengesetzten Weg: Pfalz-Neuburg führt 1542 die Reformation ein, die Oberpfalz lässt Pfalzgraf Ottheinrich (1502–1559) ab dem Jahr 1556 systematisch reformieren. 1563 konvertiert Kurfürst Friedrich III. von der Pfalz („der Fromme", 1515–1576) vom alten Glauben zum Calvinismus.

Wittelsbacher treiben Deutschland in den Abgrund

Herzog Wilhelm V. „der Fromme" tritt 1588 das hochverschuldete Bayern an seinen Sohn – Herzog Maximilian I. (1573–1651) – ab. Der reformiert die Staatsfinanzen und versteht sich als Kämpfer für den Katholizismus: 1607 lässt Maximilian I. gegen Reichsrecht die protestantische Reichsstadt Donauwörth besetzen. 1608 schließen sich deshalb die evangelischen Fürsten und Reichsstädte in der Protestantischen Union zusammen. 1610 gründen die katholischen Reichsstände die Katholische Liga. An der Spitze der Union steht ein Wittelsbacher – Friedrich V. (1596–1632), von 1610 bis 1623 Pfalzgraf und Kurfürst von der Pfalz. Nur von 1619 bis 1620 – er unterliegt in der Schlacht am Weißen Berg bei Prag – ist er (als Friedrich I.) der König von Böhmen: Als „Winterkönig" geht er in die Geschichte ein. Auch an der Spitze der Katholischen Liga steht ein Wittelsbacher: Herzog Maximilian I. von Bayern. Zwei Wittelsbacher treiben also Deutschland in den verheerenden Dreißigjährigen Krieg und damit in die größte Katastrophe seiner Geschichte. Noch bevor der Krieg Bayern erreicht, überträgt Ferdinand II. (Kaiser seit 1619) 1623 auf dem Regensburger Fürstentag die Kurwürde der Pfalz auf den Herzog und jetzigen Kurfürsten Maximilian I. von Bayern.

Die Wittelsbacher – wann, wer, wo und warum?

- **Kaisers Tochter:** Herzog Albrecht V. heiratet 1546 die Erzherzogin Anna von Österreich, eine Tochter Kaiser Ferdinands I. von Habsburg und der Prinzessin Anna von Böhmen und Ungarn.
- **Dänische Schwiegermutter:** Herzog Wilhelm V. heiratet 1568 Renata von Lothringen, die Tochter des Herzogs Franz I. von Lothringen und der Prinzessin Christina von Dänemark.
- **Französische Schwiegermutter:** Herzog Maximilian I. ehelicht 1595 Prinzessin Elisabeth, die Tochter Herzog Karls III. von Lothringen und der Claudia von Frankreich – sie ist eine Tochter König Heinrichs II.
- **Verwandtenehe:** Maximilian I., nunmehr Kurfürst, heiratet in zweiter Ehe seine Nichte, Erzherzogin Maria Anna von Österreich: Sie ist die Tochter seiner Schwester Maria Anna von Bayern und Kaiser Ferdinands II.

Glaubensstreit und Großmachtträume bringen Bayern Kriege und Leid

Ein Wittelsbacher wird Kurfürst – und ein Kurprinz soll das spanische Weltreich erben

Bayern allein – das war den Wittelsbachern des 17. und 18. Jahrhunderts meist zu wenig. Der eine – Kurfürst Maximilian I. – will die Protestanten ausrotten und stürzt sein Land im Dreißigjährigen Krieg in Not und tiefstes Elend. Der andere, der „blaue Kurfürst" Maximilian II. Emanuel, lässt Bayern im Spanischen Erbfolgekrieg ausbluten. Den Städten Friedberg und Aichach bringen die Kriege Truppendurchzüge und Plünderungen, Gräueltaten und Zerstörung.

Leidvoll müssen die bayerischen Landstädte Aichach und Friedberg im 17. und 18. Jahrhundert erfahren, dass es nicht gerade ein Vorteil ist, von Wittelsbachern regiert zu werden. So bringt der rigide Kurs Herzog Maximilians I. von Bayern (1573–1651), des geistigen Führers der Katholischen Liga und „Einpeitschers" im Glaubensstreit mit der Protestantischen Union, dem Wittelsbacher 1623 zwar die

Oben: Eine Marienfigur ziert den Friedberger Marienbrunnen – ein Symbol des streng katholischen Landes Bayern, wo ein Wittelsbacher im Streit um den „rechten" Glauben den Dreißigjährigen Krieg anzettelte.

Kurfürstenwürde ein. Die Bayern und Anrainer wie zum Beispiel die Reichsstadt Augsburg stürzt dieser Wittelsbacher mit seiner Politik während des Dreißigjährigen Kriegs jedoch in tiefstes Elend.

Im Dreißigjährigen Krieg brennt Friedberg tagelang

Bis 1630 ist die Region an Lech und Paar vom Dreißigjährigen Krieg noch wenig betroffen. Doch mit dem Eintritt des Schwedenkönigs Gustav II. Adolf in den bewaffneten Konflikt – seine dritte Phase wird der „Schwedische Krieg" genannt – endet das Jahrzehnt großer Siege der katholischen Partei. Nun beginnt zwischen der Ostsee und den Alpen die Zeit protestantischer Erfolge. 1632 liegt das Lechtal nach der Niederlage der bayerischen Truppen in der Schlacht bei Rain ungeschützt vor dem schwedisch-protestantischen Heer, und König Gustav II. Adolf zieht (als Befreier bejubelt) in Augsburg ein.

Für die katholischen Landstädte vor den Toren dieser Reichsstadt beginnt eine Zeit der Zerstörungen und des Rückschritts. Als König Gustav II. Adolf am 25. April 1632 nach Ingolstadt marschiert, zieht sein Heer durch Friedberg, das nun zur schwedischen Lazarettstadt mit 140 Mann Besatzung wird. Als die Friedberger am 13. Juli 1632 schwedische Soldaten betrunken machen, um danach bayerischen Soldaten ein Stadttor zu öffnen, kommt es zur Katastrophe. Denn am 16. Juli stürmen die Schweden Friedberg: Sie treiben Frauen und Kinder aus der Stadt und töten die Männer, auch die unbewaffneten. Alle Häuser und auch das Schloss werden zerstört. Ein Chronist hält das Drama fest: „Sechs Tage soll die Stadt gebrannt haben [...]. Sie glich darauf einer Steinwüste. Alles Leben in ihr war erloschen." Vor Beginn des Dreißigjährigen Kriegs hatte man in Friedberg immerhin rund 350 Wohnhäuser gezählt. „Fünf Jahre nach dem Großen Krieg lebten in der Stadt nur noch 154 Bürger. Die Wohnstätten waren fast alle zerstört." Das schreibt der Kunsthistoriker Bernd Vollmar 1991 im „Stadtbuch Friedberg".

Die Stadt Aichach wird 1634 zu Schutt und Asche

Aichach ist bis 1633 bereits dreimal erobert und zurückerobert worden: 1632 nehmen die Schweden die Stadt ein, 1633 holen sich die Bayern Aichach zurück, doch noch im Frühjahr desselben Jahres sitzen erneut die Schweden innerhalb der Stadtmauern. Dies überliefert (über der Durchfahrt) eine Gedenkinschrift am Oberen Tor – und auch, wie es weitergeht. Im Juni 1634 entsetzt der bayerische General Johann von Werth die Stadt, die nur wenige Tage später von schwedischen Truppen „in einen Schutt- u. Aschenhaufen"

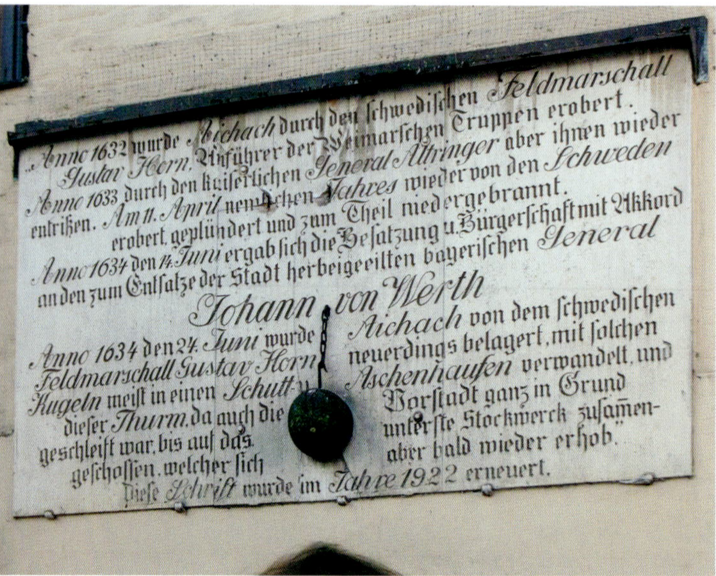

Eine Inschriftentafel am Oberen Tor in Aichach überliefert die mehrfache Besetzung und die Zerstörung dieser Stadt im Dreißigjährigen Krieg.

(so die Inschrift) verwandelt wird. In dieser Zeit werden die Obergeschosse der Stadttore zerstört, eine breite Bresche in die Stadtmauer geschossen und eine Vorstadt eingeäschert. Die üblichen Gräueltaten werden verübt: Ein Teil der bewaffneten Bürger wird erschlagen, der Stadtkommandant gehängt, Aichach geplündert.

1635 rauben die Schweden auf der Suche nach Nahrung, Geld und Fourage noch einmal die längst ausgeblutete Stadt aus. 1646 fallen Schweden und Franzosen erneut in Altbayern ein: Systematisch verwüstet die Soldateska das wehrlose Land. Der Kurfürst, der diesen Krieg maßgeblich angefacht hat, hilft seinen Untertanen nicht. Im Gegenteil: 1647, kurz vor Kriegsende, schließt Maximilian I. einen Friedensvertrag – um ihn gleich wieder zu brechen. Am Ende des Kriegs sind in Aichach die Pfarrkirche Mariä Himmelfahrt und das benachbarte Pflegschloss von Feuer und Brand verschont geblieben.

Bayerns Kurprinz soll Spanien und die Kolonien erben

Das Aichacher Pflegschloss wird dann doch zerstört, als nur zwei Generationen später den nächsten Wittelsbacher Großmachtträume plagen. Maximilian II. Emanuel (1662–1726), Kurfürst seit 1679, ist eine der schillerndsten Figuren in der Geschichte Bayerns. Zwischen 1691 und 1714 ist dieser Wittelsbacher der Generalstatthalter der Spanischen Niederlande: Die finanziellen Probleme dieses Landes versucht der Wittelsbacher schon einmal mit bayerischen Steuern zu beheben – als die Hilfsgelder aus Spanien ausbleiben, belastet er seine süddeutschen Untertanen. Seine wenig geliebten Bayern lässt er im Spanischen Erbfolgekrieg aufseiten Frankreichs und Spaniens gegen England und Österreich kämpfen. Der „blaue Kurfürst" wie er (wegen seiner Uniform im Türkenkrieg, in dem er 1688 Belgrad erobert hat) genannt wird, führt seit 1702 Krieg, um wenigstens noch einen größeren Teil des spanischen Erbes für sich zu ergattern.

Was aber war die Vorgeschichte? König Karl II. von Spanien hatte 1667 die bei Düsseldorf geborene Wittelsbacherin Maria Anna von Pfalz-Neuburg geheiratet. Doch die im Hochadel betriebene Inzucht beeinträchtigt den letzten Habsburger auf dem spanischen Königsthron derart, dass ihm die Untertanen den Beinamen „der Verhexte" („el Hechizado") anhängen. Dieses habsburgisch-wittelsbachische Königspaar bleibt kinderlos. Darum macht der spanische König den 1692 in Wien geborenen ältesten Sohn des Kurfürsten Maximilian II. Emanuel und dessen Gemahlin Maria Antonia von Österreich (die Tochter Kaiser Leopolds I. und dessen erster Gemahlin, der Infantin Margarita Theresa von Spanien) zum Universalerben des spanischen Weltreichs. Kurprinz Joseph Ferdinand von Bayern ernennt er schon mal zum Fürsten von Asturien: Dieses Kind – mütterlicherseits ein Urenkel des spanischen Königs Philipp IV. – soll Spanien, seine Besitzungen in den Niederlanden und Italien sowie das Kolonialreich in beiden Indien regieren. Als der sechsjährige Wittelsbacher jedoch 1699 in Brüssel stirbt, beginnt 1701 der Spanische Erbfolgekrieg.

Der Spanische Erbfolgekrieg und die Stadt Friedberg

Maximilian II. Emanuel will jetzt also ein möglichst großes Stück vom spanischen „Kuchen" für sich retten. Denn schließlich ist das Königreich Spanien an einen Neffen – Philipp von Anjou, einen Enkel Ludwigs XIV. von Frankreich – gefallen. Der bayerische Kurfürst verbündet sich also mit dem „Sonnenkönig" in Versailles – gegen den Kaiser in Wien, gegen die Länder und Städte im Heiligen Römischen Reich deutscher Nation, gegen die niederländischen Generalstaaten und vor allem auch gegen England. Unterstützt werden Frankreich und Bayern lediglich durch Kurköln. Denn in Köln stellen seit 1583 (und stellen noch bis 1761) insgesamt fünf Wittelsbacher beinahe durchgängig den Erzbischof: Er ist einer der Kurfürsten des Reichs.

Ein Kupferstich von 1718 zeigt die Belagerung Augsburgs durch die Franzosen und Bayern. Sie griffen die Reichsstadt 1703 von ihrem Lager nahe der benachbarten bayerischen Grenzstadt Friedberg aus an.

Einmal mehr zahlen die wehrlosen Städte Aichach und Friedberg für die Machtfantasien eines Wittelsbachers die Zeche. Friedberg wird im September 1703 von kaiserlichen Truppen beschossen, erobert und geplündert. Mit dem Kaiser verbündetes holländisches Militär besetzt und plündert die Stadt und das Schloss. Mitte Oktober lassen die Besatzer die Friedberger Stadtmauer zum Teil bis auf Mannshöhe niederreißen: Diese Arbeit lässt der holländische Kommandant die Friedberger selbst erledigen. Nur wenige Tage später rücken wieder Bayern und Franzosen an, die nun sogar das nahe Augsburg erobern. Doch schon am 22. Juli 1704 wird Friedberg erneut von kaiserlichem und englischem Militär besetzt. Wieder kommt es zu den üblichen Exzessen – Brandschatzung und Geiselnahmen, Plünderungen und „Brandansteckung".

Noch 1710 leben Aichacher in Ställen und Erdlöchern

Am 10. August 1704 besetzen kaiserliche und englische Truppen Aichach. Einmal mehr brennt die Stadt: 65 Häuser, das Rathaus und das kurfürstliche Pflegschloss werden vom Feuer zerstört, wie üblich werden die Einwohner ausgeplündert und beraubt. Die Not

Das Aichacher Rathaus wird 1704 teilweise zerstört, als Österreicher und Engländer die Stadt während des Spanischen Erbfolgekriegs besetzen. 1705 ist das Rathaus – nun im barocken Stil – wieder aufgebaut.

der Menschen ist unvorstellbar groß: Noch im Sommer 1710 leben etliche Aichacher in Stallungen und teilweise sogar in Erdlöchern. Das Rathaus kann immerhin bis 1705 wieder aufgebaut werden, da seine Außenmauern wenig beschädigt sind. Das Schloss ist jedoch derart zerstört, dass ein Wiederaufbau nicht mehr infrage kommt.

Am 13. August 1704 beendet die Niederlage der Franzosen und Bayern in der Schlacht bei Höchstädt alle Großmachtträume von Maximilian II. Emanuel. Der „blaue Kurfürst" flieht in die Niederlande und kehrt erst 1715 – ein Jahr nach dem Friedensschluss von Rastatt – aus seinem von Frankreich finanzierten Exil ins ungeliebte München zurück. Eine Bayernchronik merkt an: „Er lebt nun wieder, wie er immer gelebt hat – über seine Verhältnisse. Die Steuerforderungen sind daher so hoch, daß man Militär einsetzen muß, um sie in dem von Krieg und Besatzung ruinierten Land eintreiben zu können." Was Maximilian II. Emanuel von Bayern hält, hat sein Bruder Joseph Clemens (1671–1723), der Fürstbischof von Köln, in einem Brief festgehalten: Der Kurfürst, schreibt der Wittelsbacher, „hat allzu große aversion wieder in Baiern zu wohnen, daher um eine Scheune aus Niederland er eine Stadt in Baiern cedieren [geben] würde, um nur außer Landes bleiben zu dürfen." Als Kurfürst Maximilian II. Emanuel am 25. Februar 1726 stirbt, hinterlässt er Bayern und seinem Nachfolger Karl Albrecht (1697–1745) einen gewaltigen Schuldenberg sowie ein ausgeblutetes Land, das noch immer unvollendete Barockschloss Schleißheim und das unter ihm weiter ausgebaute Schloss Nymphenburg.

Die schöne Polin, das Schloss und die Galeerensklaven

Kurfürst Karl Albrecht ist ein Sohn Maximilians II. Emanuels aus seiner Verbindung mit Therese Kunigunde von Polen. Der Wittelsbacher hat die Tochter des Königs Johann III. Sobieski von Polen 1695 in zweiter Ehe geheiratet – wohl in der Hoffnung, über diese Verbindung an die polnische Krone zu gelangen. Als die schöne Polin ihren 14 Jahre älteren Gemahl erstmals zu sehen bekommt, ist sie von ihm derart enttäuscht, dass sie am liebsten sofort in ihre Heimat zurückkehren will. Dennoch wird in den ersten zehn Jahren dieser Ehe Jahr für Jahr ein Kind geboren. 1704, nach der Schlacht bei Höchstädt, flieht die Kurfürstin Therese Kunigunde allerdings mit ihrem Beichtvater nach Venedig, wo sie 1730 stirbt.

Für den Wiederaufbau des Friedberger Schlosses sowie für den Ausbau von Wohnräumen im Ostflügel setzt sich Kurfürstin Therese Kunigunde ein, als sie sich 1717 fünf Monate lang in Friedberg aufhält. Der Krieg und die Beseitigung der Schäden sind teuer, weshalb selbst Menschenhandel Geld in die leere Staatskasse spülen muss: Schon ab dem 16. Jahrhundert begann in Friedberg für Vagabunden, Ehebrecher, Diebe und Totschläger der lange Marsch nach Venedig oder Genua. Solche in Ketten gelegten Sträflinge führt man von der bayerischen Grenzstadt am Lech oder von München aus über die Alpen, um sie in Italien als Galeerensklaven zu verkaufen. Bei diesem Handel kooperiert das tiefkatholische Kurfürstentum Bayern zum Beispiel mit der tiefprotestantischen Reichsstadt Nürnberg.

Österreichischer Erbfolgekrieg: ein Kaiser aus Bayern

Doch solche Einnahmen sind nur Petitessen, als 1741 schon wieder Krieg geführt wird. Als der Habsburgerkaiser Karl VI. ohne männlichen Nachkommen stirbt und die „Pragmatische Sanktion" seine Tochter Maria Theresia zu seiner Nachfolgerin macht, fallen nicht nur Preußen, sondern auch Frankreich, Spanien, Sachsen, Schweden und Neapel über das – vermeintlich – wehrlose Österreich her. Wie stets, wenn im „Hexenkessel Rokoko" (so ein Buchtitel) irgendwo in

Europa ein Krieg beginnt, mischen Wittelsbacher mit. Diesmal sogar zwei: Auch Kurköln gehört zu den Angreifern. Dort hat der vierte Sohn von Kurfürst Maximilian II. Emanuel und Therese Kunigunde Sobieska – Clemens August I. (1700–1761) – die Nachfolge seines verstorbenen Onkels Joseph Clemens (1671–1723) – des Bruders Maximilians II. Emanuels – angetreten. Der kriegslüsterne Oberhirte ist ein typischer Rokokofürst: Clemens August ist nämlich nicht nur Erzbischof von Köln und somit ein Kurfürst des Heiligen Römischen Reichs deutscher Nation. Der Wittelsbacher häuft zudem Kirchenamt auf Kirchenamt. Unter anderem wird er auch der Fürstbischof von Regensburg, Münster, Osnabrück, Paderborn und Hildesheim sowie der Hochmeister des Deutschen Ordens.

Und auch in Bayern sind einem Wittelsbacher einmal mehr Getöse, Glanz und Gloria wichtiger als Maßhalten und seriöses Regieren. Kurfürst Karl Albrecht lässt seine Truppen am 31. Juli 1741 Passau erobern – dadurch beginnt der Österreichische Erbfolgekrieg. Im Herbst rücken die Bayern bis St. Pölten vor, doch anstatt Wien zu erobern, nehmen sie gemeinsam mit den Franzosen und Sachsen am 26. November Prag ein. Dort wird Kurfürst Karl Albrecht am 19. Dezember als König von Böhmen gekrönt. Schon am 12. Februar 1742 folgt in Frankfurt seine Krönung als römisch-deutscher Kaiser. Der Wittelsbacher Karl VII. ist der erste Kaiser seit 1438, der nicht ein Habsburger ist. Welch ein Erfolg. Nur dumm, dass zwei Tage später österreichische Truppen Bayern besetzen und nun sogar in München einziehen, wo sie dann bis 1743 bleiben werden. Der neue Kaiser aus dem Haus Wittelsbach ist ein Herrscher ohne Land.

Bayern, Franzosen und Österreicher in Friedberg

„Wieder hausten [in Bayern] Panduren und Kroaten, wieder wurde das Land durch Steuern und durch die österreichische Besatzung ausgesaugt und als die Österreicher durch die Franzosen vertrieben wurden, hausten diese mit Raub, Plünderung, Mord und Totschlag nicht besser als die Österreicher", schreibt der Aichacher Chronist Josef Müller. Aichach scheint glimpflich davongekommen zu sein, viel zu holen hätte es dort ohnehin nicht gegeben. Die Chronisten halten nur fest: „Am österreichischen Erbefolgekrieg von 1742–45 hatte Aichach sein bescheiden Teil an den allgemeinen Lasten und Drangsalen des Vaterlandes zu ertragen." Dagegen sind in Friedberg die Verhältnisse besser überliefert: 1742 wird die Stadt von Truppen aus Ungarn kampflos eingenommen. Friedberg muss nun eine hohe Brandschatzung bezahlen, um eine erneute Zerstörung zu vermeiden.

Die Bewohner werden wie gewohnt traktiert und ausgeplündert. Anfang 1743 sind hier Franzosen einquartiert, doch schon im Juni nimmt erneut österreichisches Militär die Stadt ein: Friedberg wird kampflos übergeben. 1744 ziehen die Bayern ein, dann wieder die Österreicher: Sie zerstören Teile der Stadtmauer. Am Ende kommt Friedberg glimpflich und ohne massive Verwüstung davon, „[...] hoch dagegen waren die Gelderpressungen und Quartierkosten gewesen".

Das Kaisertum Karls VII. bleibt für Bayern eine verheerende, teure – und nur kurze – Episode: Er stirbt am 20. Januar 1745. Der neue Kurfürst, sein Sohn Maximilian III. Joseph (1727–1777), schließt am 22. April 1745 den Frieden von Füssen und beendet für Bayern den Österreichischen Erbfolgekrieg, indem er die „Pragmatische Sanktion" anerkennt. Im Gegenzug garantiert die Siegerin, Kaiserin Maria Theresia, die Grenzen Bayerns von 1741. Das ausgeplünderte Land sucht jetzt nach Geldquellen: Der neue Landesherr gründet 1747 bei München die „Churfürstliche Porcelain-Fabrique". Und im Friedberger Schloss lässt Kurfürst Maximilian III. Joseph 1754 eine Manufaktur für Fayence einrichten. Doch dieses Unternehmen erweist sich bald als wirtschaftlich wenig erfolgreich. Schon 1768 stellt die Friedberger Manufaktur ihre Produktion ein.

1777 endet die Zeit der bayerischen Wittelsbacher

Kurfürst Maximilian III. Joseph stirbt am 30. Dezember 1777. Mit ihm endet zugleich die Linie der bayerischen Wittelsbacher. Im Juli 1778 bricht der Bayerische Erbfolgekrieg aus. Bayern bleibt lediglich erhalten, weil der Preußenkönig Friedrich II. „der Große" ein starkes Österreich fürchtet. Bei Kriegsende kassieren die Habsburger 1779 nur das Innviertel. Der neue Kurfürst Karl II. Theodor (1724–1799) erbt Bayern eher widerwillig: Dieser Wittelsbacher aus der Pfälzer Linie würde das verelendete Land lieber gegen die habsburgischen Niederlande tauschen. Im sogenannten Churpfalz-Baiern treiben Räuberbanden wie die des 1771 hingerichteten Matthäus Klostermayr aus Kissing ihr Unwesen. Reisende berichten, nirgendwo sonst so viele Richtplätze und Galgen gesehen zu haben wie in Bayern. Der Historiker Wilhelm Liebhart zieht eine ernüchternde Bilanz: „In der Frühen Neuzeit erfolgte keine Stadtgründung und keine Stadterhebung, aber auch keine Gründung eines Marktfleckens mehr." Überall im Land „ist eine ökonomische Stagnation unbestreitbar. Als Ursachen sind der Dreißigjährige Krieg (1632/1634, 1646, 1648), der Spanische Erbfolgekrieg (1701–1714) und der Österreichische Erbfolgekrieg (in Altbayern 1741–1745) auszumachen."

Die Wittelsbacher – wann, wer, wo und warum?

- **König von Schweden (I):** Die Nebenlinie Kleeburg der wittelsbachischen Linie Pfalz-Zweibrücken stellt zwischen 1654 und 1718 drei schwedische Könige. Der erste ist Karl Gustav von Pfalz-Zweibrücken, Pfalzgraf bei Rhein, Herzog in Bayern und zu Jülich, Kleve und Berg, Graf zu Veldenz, Sponheim, Mark und Ravensberg sowie Herr zu Ravenstein. Seine Mutter ist Katharina Wasa, die Tochter König Karls IX. von Schweden und damit die Halbschwester von König Gustav II. Adolf. Der Wittelsbacher kämpft im Dreißigjährigen Krieg als General aufseiten der Schweden. Nach dem Thronverzicht seiner Cousine Christine von Schweden, der Tochter König Gustavs II. Adolfs, wählen ihn die Schweden 1654 zu ihrem neuen König. Als Karl X. Gustav 1660 stirbt, ist Schwedens Territorium so groß wie nie.
- **König von Schweden (II):** Karl XI., der Sohn Karls X. Gustavs, herrscht von 1660 bis 1697 im Königreich Schweden.
- **König von Schweden (III):** Karl XII., der 1682 geborene Sohn Karls XI., ist einer der berühmtesten und denkwürdigsten Monarchen Schwedens. Der absolutistische Herrscher mit Hang zu Jagd und Tierquälerei, Reiten und Militär verliert den Großen Nordischen Krieg, der im Jahr 1700 beginnt und Schweden seine Stellung als europäische Großmacht kostet. 1709, in der Schlacht bei Poltawa, wird Karl XII. verwundet – er flieht nun ins Osmanische Reich. 1714 kehrt er durch einen 15-tägigen Gewaltritt über 2150 Kilometer von der Walachei über Ungarn und Deutschland bis nach Stralsund und damit ins Königreich Schweden zurück. Bei der Belagerung einer norwegischen Festung wird der Wittelsbacher 1718 erschossen.
- **Nobelpreis:** Wie immer faszinieren die Verrückten: Carl Gustaf Verner von Heidenstam setzt Karl XII. mit seinem Novellenzyklus „Karolinerna" („Karl XII. und seine Krieger") ein literarisches Denkmal – und erhält für das schwülstige Heldenepos 1916 den Nobelpreis für Literatur.
- **Königin von Schweden:** Ulrika Eleonore ist die zweite Tochter des Wittelsbachers Karl XI. von Schweden, der Ulrike von Dänemark – eine Tochter König Friedrichs III. von Dänemark – geehelicht hatte. Von 1718 bis 1720 regiert die Wittelsbacherin als schwedische Königin. Dann dankt sie zugunsten ihres Gemahls – Friedrich von Hessen-Kassel – ab.
- **Weltkriege:** Immer wieder lösen Wittelsbacher Kriege aus. Der Pfälzische Erbfolgekrieg (1688 bis 1697) und der Spanische Erbfolgekrieg (1701 bis 1714) sind die ersten Weltkriege in der Geschichte: Nicht nur in Europa, sondern auch auf den Weltmeeren, in Amerika und Indien wird gekämpft.
- **Lieselotte von der Pfalz:** 1722 stirbt Elisabeth Charlotte, Prinzessin von der Pfalz, Herzogin von Orléans. Die Schwägerin König Ludwigs XIV. von Frankreich schildert in mehr als 4000 Briefen das Leben am französischen Hof: Sie zählen zu den wichtigsten deutschsprachigen Texten dieser Zeit.

Die Wittelsbacher der Pfälzer Linie und das Elend der Bayern im Krieg

Wittelsbacher „Schaukelpolitik" – und ein Kaiser macht einen Wittelsbacher zum König

In sechs Koalitionskriegen gegen Frankreich wechselt der Kurfürst von Bayern viermal die Fronten. Für den mehrfachen Vertragsbruch wird der Wittelsbacher reich belohnt. 1806 wird Bayern zum Königreich von Napoleons Gnaden, und bis 1810 hat sich das Territorium Bayerns fast verdoppelt – doch dafür lassen allein im Russlandfeldzug 35 000 „Landeskinder" ihr Leben. Aichach, Friedberg und die Dörfer drum herum leiden erneut unter den Schrecken dieser Kriege.

Die Ära der Herrschaft der Wittelsbacher über Bayern war – vor allem dynastisch gesehen – eine durchaus erfolgreiche. „Es giebt in der großen Europäischen Staaten-Familie außer dem erlauchten Stammbaume Wittelsbach keine Dynastie mehr, welche, gleich ihm, ein siebenhundertjähriges Jubelfest ununterbrochener Regierungsdauer über ihr ursprüngliches Stammland begehen könnte." Mit

Oben: Im Stadtmuseum Aichach erinnert die „Einquartierungszettelbahn" daran, dass von 1796 bis 1802 bei einem einzigen Aichacher Bräu 1700 Offiziere und 11 200 Soldaten samt Pferden einquartiert wurden.

diesem sicherlich zutreffenden Satz leitet der kgl. Reichsarchiv-Rath Dr. Christian Häutle im Jahr 1880 sein Vorwort ein, das er für die Jubiläumschronik „Die Wittelsbacher als Herzöge, Kurfürsten und Könige von Bayern vom Jahre 1180 an bis herab auf unsere Zeit. Geschichtliche Skizzen und Bilder aus Anlass des Siebenhundertjährigen Wittelsbachischen Regierungs-Jubiläums in Bayern" verfasst. Wobei: Mit dem „ununterbrochen" ist das so eine Sache. Denn mit dem Tod von Kurfürst Maximilian III. Joseph endet 1777 auch die bayerische Linie der Wittelsbacher. Doch weil 1766 die „Haus-Unions- und Erbverbrüderungs-Erneuerung" unterzeichnet worden ist, sehen sich Bayern und die Pfalz (Kurpfalz-Bayern oder auch: Pfalz-Baiern) wie im 16. Jahrhundert als eine unteilbare Einheit.

Nachdem Kurfürst Max III. Joseph „der Vielgeliebte" ohne männliche Nachkommen an den Pocken stirbt, beerbt ihn der Pfälzer Kurfürst Karl Theodor aus der Wittelsbacher Linie Pfalz-Sulzbach, der schon 1742 – im Alter von erst 18 Jahren – die Kurpfalz geerbt hat. Dort herrscht er als Karl IV., Pfalzgraf und Kurfürst von der Pfalz sowie Herzog von Jülich-Berg. Seit 1777 regiert er als Karl II. auch als Kurfürst von Bayern. Weil dieser Wittelsbacher ohne jedes eigene Verdienst oder Zutun gleich zwei Kurfürstentümer erbt, nennt ihn der preußische König Friedrich II. „der Große" ein „Glücksschwein".

In den Koalitionskriegen wechselt Bayern die Fronten

Als 1799 Kurfürst Karl II. Theodor – der Vater etlicher unehelicher Kinder – ohne legitime Erben stirbt, fällt Bayern an Maximilian IV. Joseph (1756–1825) aus der wittelsbachischen Nebenlinie Pfalz-Zweibrücken-Birkenfeld, den ebenfalls mehrfach (für ihn) glückliche Umstände in diese Position gespült haben. In seiner Person sind Kurbayern und die Kurpfalz erstmals seit 1329 – seit dem Vertrag von Pavia – wieder vereint. Das Glück bleibt diesem Wittelsbacher auch hold, als sich Bayern mit seiner schier schamlosen „Schaukelpolitik" durch die Koalitionskriege gegen Frankreich schlängelt.

Im Prinzip ist der neue Kurfürst ein Franzosenfreund: Als Regimentskommandeur in Straßburg hat er französisches Savoir-vivre kennen- und schätzengelernt. 1796 war noch sein Vorgänger, Kurfürst Karl II. Theodor, im ersten Koalitionskrieg (1792 bis 1797) gegen Frankreich aus einem Bündnis mit Großbritannien, Österreich, Preußen sowie mit kleineren deutschen und italienischen Staaten ausgeschert. Der Waffenstillstand von Pfaffenhofen gesteht Frankreich 1796 freies Durchzugsrecht in Bayern zu. Bis 1815 werden noch fünf Koalitionskriege – jeweils von Bündnissen gegen Frankreich und Napoleon – geführt werden. Dabei betreibt Bayern eine „Schaukelpolitik", die – wenn Politik das Machbare ist – die Grenzen des Machbaren schamfrei und skrupellos, für die Wittelsbacher am Ende aber erfolgreich, auslotet: In sechs Kriegen wechselt Bayern viermal die Fronten.

Für neue Territorien um die Wette gekrochen

Als Bayern im zweiten Koalitionskrieg wieder auf der Seite eines Bündnisses gegen Frankreich steht, wird am 3. Dezember 1800 ein österreichisch-bayerisches Heer in einer Schlacht bei Hohenlinden (ein Dorf in Oberbayern) von französischen Verbänden geschlagen. Daraufhin sucht Bayerns neuer Kurfürst – Maximilian IV. Joseph – flugs den neuerlichen Schulterschluss mit dem Sieger: Im August 1801 schließt er einen Freundschaftsvertrag mit Frankreich. Dass er sich an Napoleon hält, zahlt sich für Bayern in dieser Phase des Taktierens zwischen den Großmächten durch enorme territoriale Zuwächse aus. Noch ehe zwischen August 1802 und Mai 1803 in

Die Karte zeigt die Territorien des Kurfürstentums Bayern und der Rheinpfalz – und die territorialen bayerischen Zugewinne in den Jahren ab 1803.

Koalitionskriege: die „Schaukelpolitik" der Wittelsbacher

- **Erster Koalitionskrieg (1792–1797):** Bayern gehört einem Bündnis mit Großbritannien, Österreich und Preußen sowie kleineren deutschen und italienischen Staaten an. Durch seinen Friedensvertrag mit Frankreich klinkt sich Kurfürst Karl II. Theodor 1796 aus diesem Bündnis aus.
- **Zweiter Koalitionskrieg (1798–1802):** Bayern steht an der Seite Österreichs, Großbritanniens und Russlands. Bayerisch-österreichische Truppen werden am 3. Dezember 1800 in einer Schlacht beim oberbayerischen Dorf Hohenlinden von den Franzosen vernichtend geschlagen.
- **Dritter Koalitionskrieg (1805):** Bayern kämpft – wie andere Staaten des Rheinbunds, darunter auch Württemberg und Baden – mit Frankreich gegen Österreich, Großbritannien, Russland, Schweden und Neapel.
- **Vierter Koalitionskrieg (1806/07):** Bayern kämpft mit den Rheinbundstaaten aufseiten Frankreichs gegen Preußen und Russland.
- **Fünfter Koalitionskrieg (1809):** Frankreich, der Rheinbund und Bayern kämpfen gegen Österreich, das nur von Großbritannien unterstützt wird.
- **Sechster Koalitionskrieg (1812–1815):** In diesem Krieg, der mit dem Russlandfeldzug Napoleons beginnt, kämpft Bayern zunächst an der Seite Frankreichs. Nach der verheerenden Niederlage Napoleons im Russlandfeldzug verbündet sich Preußen im Februar 1813 mit den Russen. Nun beginnen die deutschen Befreiungskriege (1813–1815). Großbritannien und Schweden treten dem antifranzösischen Bündnis im Juni 1813 bei, Österreich im September – Bayern als letzter Nachzügler im Oktober.

Regensburg das Geschacher um den Reichsdeputationshauptschluss beginnt, werden die wesentlichen Entscheidung nicht an der Donau, sondern bereits an der Seine getroffen. In Paris wird antichambriert und geschmiert, was das Zeug hält. Ein paar Jahrzehnte danach schreibt Georg Heinrich Perz, seit 1842 Oberbibliothekar in Berlin, dass in Paris ein Handel mit deutschen Bistümern, Reichsabteien und Reichsstädten begonnen habe, bei dem „[...] die fürstlichen Bewerber vor dem ersten Konsul [Napoleon, der sich erst 1804 zum Kaiser krönt], seinen Gesandten und Geschäftsmännern mit goldbeladenen Händen erschienen und vor Talleyrands Mätresse [Talleyrand ist der Außenminister Frankreichs], seinem Sekretär Matthieu und dem Gesandten Laforest in Regensburg um die Wette krochen." Bei diesem unwürdigen Schauspiel zählen die Wittelsbacher zu den Erfolgreichsten: Bayern verliert zwar seine linksrheinischen Gebiete, kann aber sein Territorium trotzdem um 14 000 Quadratkilometer erweitern. (Zum Vergleich: Preußen gewinnt 12 000 Quadratkilometer hinzu, Baden nur 2000, Württemberg ganze 1500.)

Die bayerische Königskrone gegen 35 000 tote Bayern

Auch im dritten Koalitionskrieg steht Bayern Frankreich 1805 „treu" zur Seite, als Napoleon gegen Großbritannien, Russland, Österreich, Schweden und das Königreich Neapel siegt. Auf den Lohn muss der bayerische Kurfürst Maximilian IV. Joseph nicht lange warten. Am 1. Januar 1806 sieht sich der Wittelsbacher am Ziel seiner Träume: Napoleon, der sich 1804 selbst zum Kaiser Frankreichs gekrönt hat, macht den Kurfürsten zum König. Den Triumph des bayerischen Königs Maximilian I. Joseph (der nach dem vierten Koalitionskrieg als Verbündeter Napoleons 1810 auch das Fürstentum Ansbach erhält) müssen zigtausende Bayern mit ihrem Leben bezahlen. „Blutzoll" ist der vornehme Ausdruck für den Verlust an Menschenleben, den diese Politik des Wittelsbachers kostet. 1812 stellt Bayern für den Russlandfeldzug Napoleons das größte Truppenkontingent aller Rheinbundstaaten: 40 000 Mann schickt der Bayernkönig in den Krieg, nur 5000 seiner unglücklichen „Landeskinder" überleben das militärische Desaster. Etliche tausend Bayern werden in Russland gefangengenommen, nur einige hundert kehren bis 1814 zurück.

Am 8. Oktober 1813 rettet sich Maximilian I. Joseph durch den Vertrag von Ried noch rasch auf die Seite der Sieger. Kaiser Napoleon kommentiert dies gegenüber der Schwester des Bayernkönigs voller Verachtung: „Madame, ich habe Ihnen nur ein Wort zu sagen: Ihr Bruder ist der größte Schurke." Dem „schurkischen" Wittelsbacher ist dies egal: 1814 fallen Würzburg und Aschaffenburg an Bayern. 1815 – nach dem Wiener Kongress und dem Frankfurter Territorialrezess – ist Bayern nochmals gewachsen. Die Geschichte leistet sich neuerlich einen Jux: Erst profitieren die Wittelsbacher vom Verrat an Frankreichs Gegnern, dann vom Verrat am Kaiser der Franzosen.

Aichach und Friedberg: nichts bleibt, viel kommt weg

Bei den Städten Aichach und Friedberg kommt in diesen bewegten Zeiten nichts hinzu – ganz im Gegenteil: Vieles kommt weg. Durch Aichach ziehen Bayern und Österreicher, Franzosen und Russen. Wer es ist, ist eigentlich egal, wenn man einmal davon absieht, dass die Soldaten der armseligst ausgerüsteten französischen Revolutionsarmee 1796 den Aichachern sogar Schuhe und Stiefel abnehmen. Den Menschen scheint es, so schreibt später der Brauereibesitzer Lorenz Alois Gerhauser, als sei „es in und um Aichach, soweit das Auge reichte, nicht anders als wenn sich die Hölle aufgetan hätte." Auch 1799, 1800, 1805/06 und 1809 ziehen wieder Truppen durch die Stadt. Immer wieder wird geplündert, werden Rösser gestohlen und Gelder erpresst. Einfache Soldaten der französischen Armee verlangen schon „zum Frühstück Wein, Käse, Braten und Branntwein, zum Mittag aber unaufhörlich nach Braten und Geflügel", hält der Chronist Josef Müller fest: „Und gar oft sei auch das beste Essen mit den Schüsseln an die Türe geworfen worden." Eine Beschreibung der Kriegsschäden in der Zeit bis 1802 führt auf, dass die Aichacher bis dahin 18 699 Offiziere sowie 194 086 Gemeine mit Quartier und Essen zu versorgen und 95 784 Pferde zu füttern hatten. Die Kosten liegen bei mehr als 50 000 Gulden – eine immense Summe. Sogar noch etwas größer sind die Schäden, die durch Diebereien, Plünderungen, mutwillige Zerstörung und Erpressung verursacht werden.

Im ersten Koalitionskrieg kommt es am 22. August 1796 am Lechübergang bei Friedberg zu einer Schlacht. Am 24. August verdrängen Franzosen die kaiserlichen Truppen vom bayerischen Flussufer. Vier Stunden lang plündern die Franzosen Friedberg, in den umliegenden Dörfern „auf dem Land aber 2 und 3 Täg", überliefert ein Chronist. Als ein Pfarrer seinen Bericht über diesen Tag verfasst, nennt er ihn „dies fatalis". In der Stadt ist kaum noch Essbares aufzutreiben, in der Folge kommt es zu erhöhter Sterblichkeit. Der durch Plünderung entstandene materielle Schaden wird auf 106 992 Gulden beziffert: In der durch das Uhrmacherhandwerk prosperierenden Stadt gab es also mehr zu holen als in Aichach. 1797 wird Friedberg das Hauptquartier der österreichischen Armee und ihres Generalstabs. Erzherzog Karl, der Bruder des Kaisers, logiert im heutigen Verwaltungsgebäude am Marienplatz. Später ziehen mal Russen, mal Franzosen und mal Österreicher durch die Stadt. 1810 ist Bayerns Staatsgebiet fast verdoppelt: Auch die Menschen in Aichach, Friedberg und den Nachbarorten haben dafür die Zeche bezahlt: Eine Gedenktafeln in Mering erinnert an 38 Opfer der Feldzüge von 1805 bis 1815.

Die Wittelsbacher – wann, wer, wo und warum?

- **Königs Tochter:** Maximilian I. Joseph kann nicht ablehnen, als Napoleon 1808 für seinen Stiefsohn Eugène de Beauharnais um die Hand seiner Tochter Auguste anhält. Die 17-jährige Wittelsbacherin ist zwar mit einem Prinzen von Baden verlobt. Doch Töchter sind politische „Handelsware".
- **Königs Schwiegertochter:** Kronprinz Ludwig I. Karl August heiratet im Oktober 1810 Prinzessin Therese von Sachsen-Hildburghausen (eine Evangelische – es ist eben eine neue Zeit). Der König genehmigt zur Feier in München ein Pferderennen auf „Theresens Wiese". Das Gelände nennt man bald Theresienwiese. Aus der Feier entsteht das Münchener Oktoberfest.

Die Stammburg der Wittelsbacher wird im 19. Jahrhundert „wiederentdeckt"

Das Nationaldenkmal auf dem Burghügel – und ein König auf dem Boden seiner Ahnen

Im späten 18. Jahrhundert entdecken Aichach und Friedberg ihre Bedeutung für die Geschichte Bayerns neu. Erste Denkmäler entstehen ab 1779. Auf dem Burghügel in Oberwittelsbach wird 1812 das erste Denkmal aufgestellt. 1834 wird dort ein Nationaldenkmal eingeweiht. 1857 betritt angeblich zum ersten Mal nach 1209 ein Wittelsbacher den Ort mit den Relikten der Stammburg.

Besser kann man es kaum formulieren: „Gegen Ende des 18. Jahrhunderts entstanden vaterländische und romantische Denkweisen und Bewegungen, die durch die Ausrufung Bayerns zum Königreich 1806 und die Befreiungskriege noch verstärkt wurden. Der aufkommende Patriotismus hinterließ auch in Aichach Spuren, wo man begann, sich wieder auf die namensgebende Stammburg der Wittelsbacher zu besinnen." So beginnt in einer Publikation des Stadtmuseums Aichach – „900 Jahre Wittelsbach und Aichach" –

Oben: Ein Gedenkstein erinnert daran, dass König Maximilian I. 1857 als erster Wittelsbacher seit 1209 den Burgplatz in Oberwittelsbach betreten haben soll.

1838 erwarb Herzog Max in Bayern das Schloss in Unterwittelsbach. Es war noch bis 1955 im Besitz der Wittelsbacher. Die abgebildete Lithografie führte zur touristischen „Entdeckung“ des Themas Wittelsbach.

das Kapitel „Romantische Erinnerungen“. 1812 – noch mitten im Elend der Koalitionskriege – entsteht das erste Denkmal auf dem Burgplatz in Oberwittelsbach. Den Anstoß zur Aufstellung einer Gedenkpyramide gibt ausgerechnet der von Einquartierungen ganz besonders stark betroffene Bräu Lorenz Alois Gerhauser, seinerzeit Bürgermeister von Aichach. Die Inschrift dieses Denkmals entspricht dem schwülstigen Stil der Zeit. Unter anderem steht dort zu lesen: „So drückt zwar schwer der Schutt der Zeiten das Vaterland, aber der edle Geist der Ottonen lebt mächtig in den Regenten Bayerns. Gott segne Max Joseph, das königliche Haus und unser Vaterland Bayern.“ Später angebrachte Gedenkinschriften geben es deutlich nüchterner. Heute verät zum Beispiel eine der Inschriften am Burgplatz: „UEBERRESTE der i. J. 1209 geschleiften BURG WITTELSBACH“.

Wittelsbacherdenkmäler ab 1779 bestehen bis heute

Doch der Geist ist aus der Flasche gelassen und die namensgebende Stammburg der Wittelsbacher „wiederentdeckt“. Dem „Schutt der Zeiten“ widmen sich in den folgenden Jahrzehnten etliche Maler und Zeichner mit romantischen Fantasiedarstellungen der Burg und

Ein Gedenkblatt von 1880 zeigt König Ludwig II. über dem Nationaldenkmal in Oberwittelsbach und dem Wasserschloss in Unterwittelsbach.

der Burgkirche. 1821 erlassen bayerische Städte und Gemeinden einen Aufruf, für ein „angemessenes“ Nationaldenkmal auf dem Burghügel in Oberwittelsbach zu spenden. Am 25. August, dem Geburts- und Namenstag König Ludwigs I., wird der Grundstein für eine 14 Meter hohe Fialsäule aus Sandstein gesetzt. Am 25. August 1834 wird dieses Nationaldenkmal in Anwesenheit von angeblich 20 000 Ehrengästen eingeweiht. Im selben Jahr wird am „Wittelsbacher Weg“ in Aichach ein steinerner Pfeiler aufgestellt, den ein Steinmetzmeister aus München schenkt. Damals scheuen sich die Wittelsbacher offenbar noch immer, jenen Ort zu besuchen, der an den Königsmörder in ihrer Ahnenreihe erinnert. 1857 ist dann aber König Maximilian II. wohl der erste Wittelsbacher, der seit der Schleifung der Burg in Oberwittelsbach den Fuß auf den Burgplatz setzt. Ein königliches Bonmot („Also hier stehe ich auf dem Boden meiner Ahnen.“) ist heute auf einer steinernen Gedenktafel nachzulesen. Der Aufenthalt der königlichen Familie auf dem Burghügel anlässlich der 800-Jahr-Feier der Burg Wittelsbach im Jahr 1914 bewirkt eine weitere bis heute erhaltene Gedenkinschrift. Auch die Feiern in Oberwittelsbach, vor allem jedoch die Aufenthalte Herzog Maximilians in Bayern, des Vaters von „Sisi", der späteren Kaiserin und Königin Elisabeth, rücken Ober- und Unterwittelsbach wieder ins Bewusstsein. Maximilian lässt sich auf seiner Zither spielend vor seinem Schloss in Unterwittelsbach abbilden. Ein Gedenkblatt zum 700-jährigen Regierungsjubiläum der Wittelsbacher zeigt König Ludwig II. – ihn rahmen Herzog Otto I. „der Große" und der Stauferkaiser Friedrich I. „Barbarossa" – über dem Wasserschloss in Unterwittelsbach und dem Nationaldenkmal in Oberwittelsbach.

Eine Aichacher Brauereibesitzerin übernimmt 1880 die Kosten, als auf die Bedachung der Säule, die auf dem Weg zum „alten Schyrenschloss" (also zur Ruine der Burg der Grafen von Scheyern in Oberwittelsbach) hinweist, ein wappenhaltender Steinlöwe gesetzt wird. Ziemlich exakt hundert Jahre zuvor – 1779 – sind in und an der

Die Wittelsbacher – wann, wer, wo und warum?

- **Königin von Preußen:** 1823 heiratet Elisabeth Ludovika von Bayern, eine Tochter König Maximilians I., den späteren preußischen König Friedrich Wilhelm IV. Die schöne Wittelsbacherin wird evangelisch – und Königin.
- **Erzherzogin von Österreich:** Prinzessin Sophie Friederike von Bayern – auch sie ist eine Tochter König Maximilians I. – heiratet 1824 Erzherzog Franz Karl von Österreich. Ihr Sohn Franz Joseph wird Kaiser werden, und sie wird am 24. April 1854 die Schwiegermutter der Kaiserin Elisabeth.
- **König der Griechen:** 1832 wählen die Griechen Otto, den Sohn König Ludwigs I., zum neuen König von Griechenland. Nach einem Aufstand seiner Untertanen im Jahr 1862 muss Otto nach Bayern zurückkehren.
- **Schottlands Thron:** Sollte der europafeindliche britische Premier Boris Johnson die Schotten weiter verärgern, könnte sich Schottland vom britischen Königreich abspalten und die Queen als Staatsoberhaupt absetzen. Schottische Monarchisten sähen dann gern einen Wittelsbacher auf dem schottischen Thron. Denn die Wittelsbacher sind weitläufig mit jenen Stuarts verwandt, die jahrhundertelang erst über Schottland, dann auch über England herrschten. Den Erbanspruch auf den Thron hätten sich die Wittelsbacher 1868 über die Ehe König Ludwigs III. (1845–1921) mit Maria Theresia, Erzherzogin von Österreich-Este und Prinzessin von Modena, erheiratet: Sie war eine Nachfahrin der Stuarts. Ludwig III. und Maria Theresia waren von 1913 bis 1918 das letzte Königspaar Bayerns.

1999 wurde das Schloss in Unterwittelsbach als Ausstellungsort im Landkreis Aichach-Friedberg „entdeckt".

Aichacher Spitalkirche Denkmäler der Wittelsbacher entstanden: Ein Wandgemälde zeigt Herzog Ludwig „den Gebarteten" (1368–1447) und würdigt seine Verdienste um das Spital auch in einer gemalten Inschrift. Eine zweite Fassadenmalerei an der straßenseitigen Wand erinnert an den Regierungsantritt des Kurfürsten Karl II. Theodor. Friedberg huldigt dem Herrscherhaus durch die Historienmalerei, mit der 1891/92 auch eine Porträtreihe von Wittelsbachern im Rathaussaal entsteht. Weitere Wandmalereien zeigen Szenen mit Wittelsbachern in Friedberg und ihr Rautenwappen. Ein Fresko im Inneren des Rathauserkers stellt den ab 1886 amtierenden Prinzregenten Luitpold (1821–1912) zwischen zwei bayerischen Löwen dar.

Der Aichacher Stadtarchivar und das „Sisi-Schloss"

1999 kommt es im Landkreis Aichach-Friedberg zur regelrechten „Wiederentdeckung" des Themas Wittelsbacher. Einer der Auslöser dafür ist ein Fund des Aichacher Stadtarchivars Karl Christl – eine Lithografie des königlichen Hofoffizianten Alois Flad aus dem Jahr 1841 (die heute im Aichacher Rathaus hängt). Für Christl ist klar (so berichtet eine Lokalzeitung): „Zu sehen ist das Wasserschloss mit Herzog Max in Bayern in einem Kahn und seiner Frau Ludovika mit einem kleinen Mädchen im Türrahmen des Schlosses, das die

Seit dem Jahr 2000 gestaltete die Regio Augsburg Tourismus GmbH im „Sisi-Schloss" erste Ausstellungen. Zu den Eröffnungen – teils mit „Sisi" – reisten sogar Angehörige der Häuser Wittelsbach und Habsburg an.

vierjährige Sisi darstellen soll. Dazu schauen aus den Fenstern die siebenjährige Prinzessin Helene und der zehnjährige Prinz Ludwig." Beweisen kann das zwar keiner – doch das Gegenteil auch nicht.

Ist Christl bis dahin beinahe der Einzige, der zu diesem Thema (in der Reihe „Aichacher Geschichten", Herausgeber ist Gerd Winkler im Auftrag der Stadt) publiziert, kommt im Jahr 2000 die Regio Augsburg Tourismus GmbH ins Spiel. Tourismusdirektor Götz Beck setzt auf Anregung der concret Werbeagentur GmbH in Augsburg das Kindheitsschloss der Kaiserin Elisabeth mit einer ersten Rad- und Wanderbroschüre zu den Spuren der Wittelsbacher in Unter- und Oberwittelsbach, Kühbach und Rapperzell in Szene. Als die Stadt Aichach im Jahr 1999 das Unterwittelsbacher Wasserschloss erwirbt, initiiert Beck in Kooperation mit Schloss Gödöllö eine von den Ungarn und der Augsburger concret Werbeagentur GmbH gestaltete Ausstellung. Die Regio Augsburg Tourismus GmbH ermoglicht die ersten der seither jährlichen Ausstellungen. Bald wird die Lokalpresse schreiben, das „Sisi-Schloss" sei zum Identifikationspunkt für den gesamten Landkreis Aichach-Friedberg geworden.

Der Blick auf den Kirchturm von St. Magnus in Kühbach: Mit der Kühbacher Klostervogtei beginnt die Geschichte der Wittelsbacher im Wittelsbacher Land. Die bayerische Herrscherdynastie hat die Geschicke Europas mitgeprägt – und vom 12. Jahrhundert an bis in die Epoche des Königreichs Bayern in neun Orten des heutigen Landkreises Aichach-Friedberg Spuren in Form von Denkmälern, von Kunst und nicht zuletzt von Geschichte(n) hinterlassen.

In St. Magnus belegen Namen und Wappen den Aufstieg der Wittelsbacher

Kühbach: Zwei gemalte „Klosterchroniken" und die Stammmutter der Wittelsbacher

Dass Herzog Maximilian in Bayern, der Vater der späteren Kaiserin Elisabeth von Österreich und Königin von Ungarn, das einstige Benediktinerinnenkloster in Kühbach 1839 erwarb und 1862 wieder veräußerte, ist allgemein bekannt. Weit weniger bekannt ist, welch bedeutende Rolle Kühbach und sein Kloster beim Aufstieg des Hauses Wittelsbach spielten. Zwei bemalte Stiftertafeln in der früheren Klosterkirche St. Magnus und die Malereien auf den Türen eines Schranks in der dortigen Sakristei dokumentieren seit dem 16. Jahrhundert die enge Verbindung zwischen Kühbach und dem bayerischen Herrscherhaus.

Ziemlich exakt tausend Jahre währte jenes politische Gebilde, das als Heiliges Römisches Reich (ab 1438 mit dem Zusatz) „deutscher Nation" 1806 zu Ende ging. Nur dreimal in dieser Zeitspanne wird ein bayerischer Herrscher auch römisch-deutscher Kaiser: Der Ottone

Oben: Eine der beiden Kühbacher Stiftertafeln zeigt das Wappen der Wittelsbacher – und Otto I. „den Großen". Der erste Wittelsbacherherzog Bayerns trug einen Reichsadler im Wappenschild.

Heinrich II. – genannt „der Heilige" – ist der erste (dem später nur zwei Wittelsbacher folgen sollten). Der vor 980 geborene Heinrich (sein Vater ist der Bayernherzog Heinrich II. „der Zänker") herrscht als Heinrich IV. zwischen 995 und 1004 und später noch einmal – von 1009 bis 1017 – als Herzog über Bayern. Außerdem regiert er von 1002 bis 1024 als König das Ostfrankenreich und von 1004 bis 1024 ist er auch noch König von Italien. Römisch-deutscher Kaiser ist der Ottone Heinrich von 1014 bis 1024. Von diesem bayerischen König erwirkt die Grafenfamilie von Kühbach 1011 eine Urkunde für die Stiftung eines Nonnenklosters in Kühbach. Graf Adalbero von Kühbach sollte gemäß dieser Urkunde lebenslang Vogt des Klosters in Kühbach werden. Neben diesem (legendären) Stifter kennt die Klostertradition noch einen zweiten Stifter mit Namen Udalschalk.

Nichts Genaues weiß man aber nicht, wie man in Bayern zu sagen pflegt. Zwar hält der bayerische Geschichtsschreiber Aventinus in seiner um 1519 herausgegebenen „Bayrisch Cronick" fest: „Adalbero und Udalschalkus Gebrüder haben kÿebach das Nonnenkloster nicht weit von der Barr dem Wässerlein [unweit des Flüsschens Paar] gestifft." Vieles weitere rät dieser Chronist mit dem bürgerlichen Namen Johann Georg Turmair weit mehr, als dass er es weiß. (So verortet er etwa die römische Augusta Vindelicum östlich des Lechs auf bayerischer Seite. Um Turmairs Irrtum zu widerlegen und die durch Spolien- und Münzfunde bezeugte Lage der Römerstadt zu manifestieren, stellt Augsburg 1594 vor dem Rathaus eine Bronzefigur seines Stadtgründers auf den Pfeiler des Augustusbrunnens.)

Man darf Aventinus, diesem unsicheren Kantonisten, also nicht so recht trauen. Doch auch die Klosterfrauen in Kühbach selbst wissen zu Anfang des 16. Jahrhunderts nichts Konkretes mehr über die Stifter zu sagen. Auch den gemalten „Chroniken" des ehemaligen Kühbacher Benediktinerinnenklosters in der Kirche St. Magnus muss man darum wohl mit großer Vorsicht begegnen. Was die Kühbacher Malereien auf jeden Fall zu wichtigen Denkmalern macht. Die zwei langformatigen Stiftertafeln vom Beginn des 16. Jahrhunderts – an einer Wand unter der Westempore, vor dem Eingang zur sogenannten Stiftergruft angebracht – sowie die 1598 bemalten Türen eines Sakristeischranks stellen etliche frühe Wittelsbacher dar.

So viele mittelalterliche Wittelsbacher auf einmal wie in der Kirche St. Magnus sieht man im Landkreis Aichach-Friedberg, der sich ja Wittelsbacher Land nennt, sonst wohl nirgendwo. Dabei denkt man

Die beiden langformatigen Stiftertafeln in der Kühbacher Kirche stellen Heilige, legendäre Stifter und auch historisch belegte Wittelsbacher dar.

bei diesem Namen wohl zuerst an die Ruine der namensgebenden Stammburg in Oberwittelsbach oder an das „Sisi-Schloss" in Unterwittelsbach. Weit weniger bekannt aber ist die immense Bedeutung, die Kühbach für den Aufstieg der Wittelsbacher besitzt. Die letzte Kühbacher Gräfin mit Namen Haziga gilt – so der Historiker Rudolf Wagner – als Stammmutter der Grafen von Scheyern und dadurch auch der Wittelsbacher. Denn die Kühbacherin bringt in die Ehe mit Otto I. von Scheyern (um 1020–1073) neben weiteren Besitzungen das Schloss in Scheyern, die Grafschaft an der Paar und die Vogtei des Hochstifts Freising ein. Seit dieser Mitte des 11. Jahrhunderts geschlossenen Ehe mit Haziga kann sich Otto – quasi der Ahnherr aller Wittelsbacher – auch Graf von Scheyern nennen.

Die Burg der Grafen von Kühbach (die wohl im Mannesstamm ausgestorben ist, als Haziga Otto von Scheyern geehelicht hat) stand wohl auf dem Burghügel von Oberwittelsbach. Dies ist der Grund, weshalb sich die Grafen von Scheyern irgendwann um das Jahr 1115 in Oberwittelsbach niederlassen: Sie treten hier das Erbe der Grafen von Kühbach an, zu dem auch die vermutlich recht ertragreiche Vogtei des Klosters Kühbach zählt. Klöster besitzen nach damaligem

Auf einer der Kühbacher Stiftertafeln: Der Wittelsbacher mit den weiß-blauen Rauten im Schild ist Pfalzgraf Otto III. – er war der Vogt des Klosters. Sein Sohn Otto wurde 1208 zum Königsmörder. Auf derselben Tafel kniet die Gräfin „WILBIRG" zu Füßen des heiligen Benedikt: Wilpirgis soll eine Wittelsbacherin, Klosterstifterin und die erste Äbtissin gewesen sein.

Rechtsverständnis keine weltliche Macht. Sie müssen einen Vogt als Schutzherrn und Richter einsetzen. Geld, Naturalien und Frondienste machen eine Vogtei – in diesem Fall für die Vorfahren der Wittelsbacher – zu einer recht lukrativen Einkommensquelle.

Die Kühbacher Stiftertafeln zeigen mehrere für die Geschichte des Klosters bedeutsame Wittelsbacher als kleine, kniende Schildhalter neben den vergleichbar groß abgebildeten Klosterstiftern Adalbero und Udalschalk samt deren Frauen. Die Heiligen Leonhard, Nikolaus, Johannes der Täufer und Magnus auf der einen sowie die Heiligen Benedikt, Servatius und St. Jakobus d. Ä. auf der zweiten bemalten hölzernen Tafel sind jeweils sehr viel größer dargestellt. Auf diesen Stiftertafeln leicht als Wittelsbacher zu identifizieren ist Pfalzgraf Otto III. (um 1120/25–1100) deshalb, weil er in zentraler Position den Wappenschild mit den weiß-blauen Rauten (welche die Wittelsbacher aber erst nach seinem Tod erheiraten werden) hält. Otto III.

Zu Füßen übergroßer Heiliger knien Herzog Otto I. und sein Sohn, Herzog Ludwig „der Kelheimer". Der weiße Zickzackbalken auf blauem Grund auf seinem Schild ist ein frühes Wappenbild der Wittelsbacher.

war der Vogt des Klosters Kühbach und – so der Historiker Manfred Hiebl – „ein übler Fehdehahn". Auch seinen Sohn Otto (1180–1209) nennt eine Chronik einen „üblen Raufbold": Dieser Wittelsbacher wird 1208 in Bamberg König Philipp von Schwaben ermorden.

Ähnlich leicht ist Herzog Otto I. von Wittelsbach (1117–1183, genannt „der Große"), mit dem 1180 die Herrschaft der Wittelsbacher über Bayern beginnt, zu identifizieren: Ein Schriftband nennt ihn „DUX OTTO". Sein Wappenschild zeigt einen Adler. Der Wappenvogel irritiert nur auf den ersten Blick: Viele Adelige unterstreichen mit diesem Wappenbild ihre Verbundenheit mit Kaiser und Reich. Auch die ersten drei Herzöge aus dem Haus Wittelsbach führen jeweils den Reichsadler im Wappen. Sie verweisen mit dem Adler auf ihren Rang als Pfalzgrafen (zunächst) in Bayern und (später) bei Rhein.

Wenig bekannt ist auch das herzogliche Wappen der Wittelsbacher mit dem weißen Zickzackbalken auf blauem Grund: Der „Sparren" ist das wohl älteste Wappenbild der Grafen von Scheyern. Doch ein Schriftzug mit dem Namen „LUDIVICUS" verrät den Sohn von

Prominenz aus der Klostergeschichte ziert das Innere eines Sakristeischranks in der Kirche St. Magnus. Zu Füßen Herzog Ottos I. „des Großen" kniet die Auftraggeberin der Malereien, die Äbtissin Barbara Stern.

Herzog Otto I. – Ludwig I. (1173–1231, genannt „der Kelheimer") – auf der Kühbacher Stiftertafel. Ludwig I. ist nicht nur der zweite Wittelsbacherherzog in Bayern, sondern er wird 1214 auch mit der Pfalzgrafschaft bei Rhein belehnt. Nun dürfen die Wittelsbacher das Wappentier der Rheinpfalz – also den „typisch bayerischen" Löwen – im Wappen führen. 1231 wird Ludwig in Kelheim auf der Brücke über der Donau von einem Meuchelmörder erdolcht werden. Warum das Kloster in Kühbach die Wittelsbacher auf ihren Stiftertafeln verewigen lässt? 1160 sind das Kloster und die Kirche niedergebrannt: Die Wittelsbacher unterstützen den Wiederaufbau, und Herzog Otto I. „der Große" stattet das Kloster neu aus. Mehr verrät ein Internetbeitrag des Hauses der Bayerischen Geschichte: „Otto von Wittelsbach beschenkte das Stift nach seiner Erhebung zum bayerischen Herzog im Jahr 1180 mit Reichtümern. Sein Sohn Herzog Ludwig der Kelheimer verlieh den Benediktinerinnen von Kühbach das Recht der Niederen Gerichtsbarkeit und der Steuererhebung."

Auf den beiden langformatigen Stiftertafeln sind seitlich etliche betende Klosterfrauen abgebildet – in einem Fall neben dem Ge-

Wilpirgis – die erste Äbtissin des Kühbacher Benediktinerinnenklosters – soll eine Angehörige der Familie Scheyern-Wittelsbach gewesen sein. Eine gemalte „Chronik" im Sakristeischrank zeigt sie mit dem Modell der Kirche St. Magnus in der Hand.

viert eines großen Wittelsbacherwappens, das zweimal die weiß-blauen Rauten und zweimal den Löwen der Rheinpfalz zeigt. Vielleicht ein Hinweis darauf, dass die Haustradition eine Äbtissin aus der Familie Scheyern-Wittelsbach – eine Adelheid – überliefert, die dem Kühbacher Kloster vorgestanden haben soll?

Eine andere (angebliche) Wittelsbacherin wird in einer Inschrift als „des klosterß kiebach erste Stiffterin und Abbtissin" bezeichnet und in der Kirche wohl deshalb dreimal dargestellt. Auf einer der beiden langformatigen Stiftertafeln kniet eine blonde Frau zu Füßen des Ordenspatrons Benedikt – ein Schriftband nennt sie „C. [Gräfin] WILBIRG". Diese Wittelsbacherin (?) entdeckt man gleich zweimal in einer zweiten gemalten „Chronik" des Klosters auf den Innenseiten der Flügel eines Sakristeischranks. (Seine Außenseiten sind mit sechs Szenen aus dem Marienleben bemalt.) Gräfin Wilpirgis (auch: Willibirg) ist dort einmal mit einem Kirchenmodell in der Hand zu

Das gotische Gewölbe in der sogenannten Stiftergruft – zwei Räume bei der Kirche – gehört zu den Relikten des sehr weitgehend verschwundenen oder überbauten Klosters.

Die ehemalige – im Kern romanisch-früh-gotische – Klosterkirche St. Magnus grenzt direkt an das Schloss der Freiherren von Beck-Peccoz an.

Füßen der Heiligen Scholastika und Benedikt kniend in der Ordenstracht abgebildet. In einer Schriftkartusche steht zu lesen: „Dise ist ein Gräffin v[on] Widlsbach gewest". In einer zweiten Darstellung – dort in weltlicher Kleidung – ist die Gräfin neben dem legendären Stifter „ADELSCALCVS" (Udalschalk) stehend und mit dem Schriftband „WILPIRGIS" abgebildet. Darunter steht: „Obgedachte sint des Gottshaus und Klosters kÿebach andere stiffterin gewest".

Auch wenn alle Dargestellten im Sakristeischrank im Kleidungsstil von 1598 gemalt worden sind, verrät der Schriftzug „OTTO MAIOR DUX BAVARIAE" umgehend Otto „den Großen", Herzog von Bayern, den ersten Wittelsbacher, der über Bayern herrschte. Herzog Otto I. gegenüber steht der Augsburger Bischof Hermann. Hermann von Vohburg stammte aus dem Geschlecht der Diepoldinger, von denen man die Herkunft der Wittelsbacher herzuleiten versuchte. Hermann hatte das Bischofsamt von 1096 bis 1133 inne. Dieser körperlich

Ein Teil des gotischen Klosterkreuzgangs ist im privat bewohnten Schloss der Familie von Beck-Peccoz erhalten. Er kann dort allerdings nicht besichtigt werden.

Brauereifahnen und zwei Steinbockfiguren vor dem Kühbacher Schloss verraten den Besitzer, den Freiherrn von Beck-Peccoz.

missgebildete Oberhirte nimmt durch sein konfliktbelastetes Verhältnis zur Kurie, gewalttätiges Auftreten und schwere sittliche Verfehlungen einen „prominenten" Platz in der Augsburger Kirchengeschichte ein. Je ein Wappen mit dem Reichsadler und eines mit schwarz-weißen Rauten (das Wappen der Wittelsbacher?) zieren die Malerei. Eine Inschrift darunter besagt jedenfalls: „Obenande baide sint graffen von Widlspach [...] gewest". Vor diesen beiden kniet die Auftraggeberin dieser „Chronik" im Schrank, Äbtissin Barbara Stern. Den bemalten Schrank in der gewöhnlich versperrten Sakristei kann besichtigen, wer sich mit dem Mesner von St. Magnus verabredet.

Obwohl die imposante Kirche St. Magnus quasi ein „Wittelsbachermuseum" birgt, kennt man Kühbach heute fast nur wegen seiner jüngeren Kloster- und nachfolgenden Schlossgeschichte, weil die Letztere mit Herzog Maximilian in Bayern und durch ihn mit seiner Tochter „Sisi" – der späteren Kaiserin Elisabeth von Österreich und Königin von Ungarn – zusammenhängt. Als das Benediktinerinnenkloster St. Magnus 1803 säkularisiert wird, beginnt dort in neues Kapitel. St. Magnus wird zum Aussterbekloster: Die Nonnen durften zwar bis zu ihrem Tod hier bleiben, jedoch keine neuen Schwestern aufnehmen. Der Realitätenbesitz geht ab 1804 von Hand zu Hand: Als Herzog Maximilian in Bayern 1839 das Klostergut kauft, ist er der sechste Eigentümer in 35 Jahren. Den Wittelsbacher interessiert an Kühbach vorrangig der Wald, den er mit dem Forst um Rapperzell und Unterwittelsbach zu einem riesigen Jagdrevier arrondiert.

In das ehemalige Kloster investiert Herzog Maximilian in Bayern – mit Ausnahme des Brauhauses, für das schon 1841 der Grundstein gelegt wird – wenig. Zwar lässt der Wittelsbacher auch einen Kuh-

Im Gitter um Schloss Kühbach entdeckt man auch das Detail einer Freiherrnkrone mit den sieben Zacken – dieses Symbol ist ein Hinweis auf den Bauherrn des klassizistischen Schlosses sowie auf den heutigen Besitzer, den Freiherrn von Beck-Peccoz.

stall, einen Pferdestall und einen Stadel errichten. Doch als 1860 die südliche Gebäudezeile des Klosters niederbrennt, lässt er die Ruine einfach stehen. Im Mai 1862 veräußert Herzog Max in Bayern das einstige Kloster und seine Liegenschaften in und bei Kühbach. In seinem Besitz bleibt nur „der Jagdbezirk von Unterwittelsbach, Griesbach und Oberwittelsbach, in welchem die zu diesem Gute gehörige Waldung liegt". Der Käufer des Klosterguts ist Freiherr Joseph Anton von Beck, dessen Familie das säkularisierte Kloster zuvor schon einmal – von 1821 bis 1837 – besessen hat. Die 1840 vom bayerischen König in den Freiherrenstand erhobene Familie von Beck-Peccoz, die ihren Doppelnamen seit 1890 führt, ist noch immer im Besitz des Schlossguts, zu dem neben Wäldern, Wiesen und Äckern auch die „Brauerei Kühbach" gehört. Erst die Familie Beck-Peccoz lässt das ehemalige Kloster zum Schloss ausbauen. Es wird privat bewohnt, deshalb bekommt man den dort erhaltenen Trakt des Klosterkreuzgangs nicht zu sehen. Die beiden bronzenen Steinböcke im Schlosshof verkörpern das Wappentier der Freiherren von Beck-Peccoz: Ihre Vorfahren stammen aus dem Aostatal.

Wissenswertes zu Kühbach

- **Kirchenbesichtigung:** Eine Innenbesichtigung der Kirche St. Magnus – auch eine Kirchenführung – kann man mit dem Mesner von St. Magnus (Martin Zeidler, Telefon 0 82 57/17 56) vereinbaren.
- **Bayerisches Bier:** Beim Schloss bewirtet die „Brauerei Kühbach" in einem lauschigen Biergarten unter alten Bäumen im alten Schlosspark.
- **Infotafel:** Nahe der Einfahrt zur „Brauerei Kühbach" steht in einer kleinen Grünanlage eine Informationstafel. Ihr Text gibt Auskunft zur Geschichte des Schlosses, das auch eine Station einer Tourismusroute ist – der 2002 von der Regio Augsburg Tourismus GmbH konzipierten „Sisi-Straße".

Nach der Burg in Wittelsbach benennt sich die bayerische Herrscherdynastie

Oberwittelsbach: Ein Wittelsbacher als Königsmörder – und seine zerstörte Burg

Aichach spielt in der Geschichte Bayerns eine nicht eben geringe Rolle: Im heutigen Stadtteil Oberwittelsbach liegt der Burghügel, auf dem die namensgebende Burg der Wittelsbacher stand. Diese Burg wurde 1209 geschleift, weil Pfalzgraf Otto VIII. von Wittelsbach 1208 in Bamberg den deutschen König Philipp von Schwaben ermordet hatte. Spärliche Mauerreste der Burgruine, eine Kirche und das Nationaldenkmal erinnern an die Bedeutung dieses Orts.

Der Wittelsbacherherzog Ludwig I. „der Kelheimer" hatte in seiner Regierungszeit etliche Probleme. Dazu schweigt sich auch die 1918 erschienene Jubiläumschronik „Die Wittelsbacher als Herzöge, Kurfürsten und Könige von Bayern vom Jahre 1180 an bis herab auf unsere Zeit" mitnichten aus: Schließlich „hatte sich derselbe [also Ludwig I.] mit einheimischen Großen und benachbarten Bischöfen herumzuschlagen, die häufig stärker waren, als er selbst, weshalb er dabei nicht selten den Kürzeren zog." Mit rund 700 Jahren Ab-

Oben: Einer der Inschriftensteine auf dem Burghügel erinnert an die 1209 zerstörte Burg Wittelsbach.

An der Stelle der Burgkapelle entstand ab der Zeit um 1420 die Filialkirche Beatae Mariae Virginis. Der Backsteinbau und sein Turm wurden später vergrößert und verändert – und zuletzt mit hohem Aufwand saniert.

stand lässt sich ein derartiges Eingeständnis historischer Schwäche problemlos verkraften. Nicht zu verkraften, da noch nach mehr als sieben Jahrhunderten hochpeinlich, ist 1880 für das Haus Wittelsbach dagegen die Tatsache, dass einer ihrer Ahnen einen derart brutalen Mord begangen hat – noch dazu an einem König. Als der bayerische König Maximilian II. Joseph (1811–1864) der Burgruine nahe bei Aichach 1857 einen privaten Besuch abstattet, soll er der erste Wittelsbacher sein, der Oberwittelsbach seit der Schleifung der Burg besucht, nach der sich das königliche Haus immerhin benennt. Die (angeblich) historischen Worte „Also hier stehe ich auf dem Boden meiner Ahnen" hält eine steinerne Inschriftentafel fest, die auf dem Burgplatz in einen der nur wenigen Steinquader eingelassen ist, die dort noch an Burg Wittelsbach erinnern.

Arg viel zu sehen gäbe es auf dem Burgplatz nicht, wäre hier nicht um 1420 die vormalige Burgkapelle erweitert und zur gotischen Kirche Beatae Mariae Virginis ausgebaut worden. Bald nach 1500

Das Fundament des aus Backstein errichteten Kirchturms steht auf Steinquadern, die wohl Relikte des Bergfrieds der geschleiften Burg Wittelsbach sind.

Ein 14 Meter hohes neugotisches Fialtürmchen aus Sandstein – das 1834 eingeweihte Nationaldenkmal.

werden der Backsteinbau vergrößert und sein Kirchturm erhöht. Das Fundament dieses Turms steht wohl auf dem Mauerwerk des zerstörten Bergfrieds. Auch an der Nordseite des Kirchtums sind Steinquader zu sehen, die wahrscheinlich zur Burg gehörten.

Die spärlichen Reste der Ringmauern, die man auf dem Burgplatz entdeckt, sind Rekonstruktionen aus originalen Steinen der Ruine, die man bei Grabungen freigelegt hat. Der weit überwiegende Teil der Steinquader der zerstörten Burg Wittelsbach, die auf dem nach drei Seiten hin steil abfallenden Hügel errichtet worden war, könnte beim Bau der Stadtmauer in Aichach wiederverwendet worden sein. Vielleicht, weil gar so wenig von der Burg der Wittelsbacher zu sehen ist, hält eine weitere steinerne Inschriftentafel sicherheitshalber fest: „UEBERRESTE der i.J. 1209 geschleiften BURG WITTELSBACH". Die dritte Gedenktafel erinnert an den Besuch eines zweiten bayerischen Monarchen: „Am 28. Mai 1914 haben König Ludwig III. u. die Königliche Familie gelegentlich d. 800 Jahrfeier der Burg Wittelsbach auf diesem Platze verweilt." Und eine vierte Steintafel verkündet (gewichtig in versalen Lettern), dass die Burg „zum Wittelsbacherjahr 1980 unter der Trägerschaft des Bezirks Schwaben durch Ausgrabung neu erforscht" worden sei.

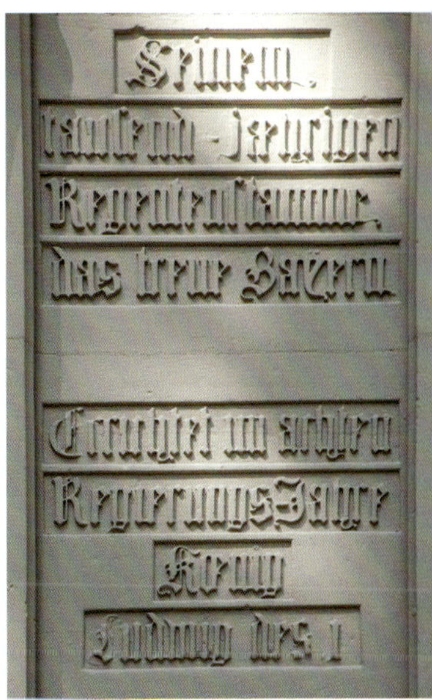

Die Bayernrauten und eine Inschrift zieren das Nationaldenkmal auf dem Burgplatz in Oberwittelsbach.

Auf einer kleinen Erhebung am Rand des Burgplatzes erinnert das am 25. August 1834 mit großem Aufwand und Zulauf eingeweihte Wittelsbacher Nationaldenkmal an die Bedeutung dieses Ortes. Das

Die gotische Kirche steht am nordwestlichen Rand des Burghügels im Aichacher Stadtteil Oberwittelsbach.

Am nordwestlichen Rand des Burgplatzes finden sich nennenswerte Reste der ehemaligen Ringmauer.

neugotische Fialtürmchen trägt die vierzeilige Inschrift „Seinem tausend-jaehrigen Regentenstamme, das treue Bayern" sowie in weiteren vier Zeilen darunter „Errichtet im achten Regierungs-Jahre Koenig Ludwig des I". Der Wittelsbacher freilich lässt sich zu diesem festlichen Anlass von einem hochrangigen Beamten vertreten. (Man darf vermuten, dass der Grund für die Abwesenheit des Regenten eher nicht in Terminnöten zu suchen gewesen sein dürfte: Bei der Einweihung ist nämlich gar kein Vertreter des königlichen Hauses

Eine Gedenktafel auf dem Burgplatz erinnert an den Besuch König Ludwigs III., der diesen Ort anlässlich einer 800-Jahr-Feier der Burg besuchte. Das Jubiläum war Fiktion: Denn wann ein erster Vorfahre der Wittelsbacher auf den Burghügel zog, ist nur ungefähr bekannt.

Drei Inschriftentafeln sind der Geschichte der Burg und des Burgplatzes gewidmet, die vierte erinnert an die archäologischen Grabungen auf dem Burghügel.

anwesend.) Derart viel Zurückhaltung fällt auf: Schließlich huldigt das 14 Meter hohe, aus Sandstein gehauene Nationaldenkmal den Wittelsbachern mit einem Rautenwappen sowie den Wappen der acht bayerischen Kreisstädte, darunter München und Augsburg. Und nicht zuletzt ist diese Feier mit einer Aufwallung patriotischer Gefühle verbunden: Unter den 20 000 Festgästen sind Adel und Geistlichkeit, Beamte, Honoratioren, Bauern hoch zu Ross, Schulkinder mit ihren Lehrern, Abgesandte von Städten und Zünften, Chöre und Kapellen, Landwehrbataillone… Aber kein Wittelsbacher, nirgends.

Wissenswertes zu Oberwittelsbach

- **Information:** Zu Innenbesichtigungen der Kirche gibt das Infobüro der Stadt Aichach (Stadtplatz 48, Telefon 0 82 51/9 02-0) Auskunft.
- **Spazierweg:** Von Oberwittelsbach aus führt ein zweieinhalb Kilometer langer Spazierweg zu einer nahen zweiten Station in der Geschichte der Wittelsbacher – zum „Sisi-Schloss" im benachbarten Unterwittelsbach.
- **Geschichtspfad:** Auf dem ehemaligen Kirchweg zwischen Ober- und Unterwittelsbach verläuft ein Geschichtspfad mit mehreren Stationen. Eine dieser Stationen informiert zur Geschichte der Burg Wittelsbach.

Denkmäler aus dem späten Mittelalter und der Zeit des jungen Königreichs

Aichach: Eine Kirche, zwei Stadttore und drei Mauertürme erinnern an Wittelsbacher

Im Wittelsbacher Land – so der Text einer Webseite – „begegnen einem die Wittelsbacher in der ganzen Region auf Schritt und Tritt." Die Realität sieht etwas anders aus. Sogar in Aichach selbst, dem Kaiser Ludwig IV. „der Bayer" 1347 das Stadtrecht verlieh, springen die Wittelsbacher in der Altstadt nicht „auf Schritt und Tritt" ins Auge. Man muss sie schon ein bisschen suchen. Das sichtbarste Zeugnis wittelsbachischer Politik sind die Aichacher Stadttore und die erhaltenen Abschnitte der unter den Wittelsbachern ab 1331 errichteten Stadtmauer. Doch wer sucht, der findet – und zwar noch einiges mehr.

Aichachs Anfänge sind nicht – wie etwa bei Friedberg – durch eine Gründungsurkunde überliefert. Die Anlage des Stadtplatzes lässt lediglich vermuten, dass Aichach ursprünglich ein Markt und die erste beziehungsweise letzte Station von Fernkaufleuten an der Handelsstraße zwischen Augsburg und Regensburg gewesen sein

Oben: Ein Wappenstein an der Spitalkirche erinnert daran, dass ein Wittelsbacher seit der Zeit um 1418 die Aichacher Stadtbefestigung ausbauen ließ.

Der Auerturm mit seinem mittelalterlichen Zinnenkranz ist einer der drei erhaltenen Stadtmauertürme.

dürfte. Der Marktzoll war also für den Grundherrn eine ertragreiche Einnahmequelle. „Seit wann waren die Wittelsbacher die Grundherrn? Wir wissen es nicht." Das schrieb der Aichacher Chronist Josef Müller. Sicher ist: Im frühen 13. Jahrhundert wird Aichach ein Verwaltungspunkt der Wittelsbacher. Ab 1209 gehört zum Beispiel auch das Kloster Kühbach zum neu gebildeten Land- und Pfleggericht Aichach. In Aichach sitzen die Beamten der Wittelsbacher. Grundherr ist damals Herzog Ludwig I. „der Kelheimer" (1173–1231), weil nach dem Königsmord in Bamberg der gesamte Besitz des mit ihm verwandten, 1209 von seinen Häschern erschlagenen vogelfreien Mörders – des Pfalzgrafen Otto VIII. – an die herzogliche Linie fällt. Dass 1209 zudem die Stammburg der Wittelsbacher in Oberwittelsbach geschleift wird, konnte die Bedeutung Aichachs für den Bayernherzog noch erhöht haben. Überliefert ist: 1210 holt Herzog Ludwig I. den Deutschen Orden nach Aichach (bis 1384 wird diese Stadt Sitz einer Deutschordenskommende sein), und um 1230 ist Aichach auch Sitz eines herzoglichen Kastenamts. Bei der ersten bayerischen Landesteilung von 1255 kommt Aichach zu Oberbayern.

Der Übergang vom Markt zur Stadt liegt wohl im 14. Jahrhundert. Stadt ist eine Ansiedlung nach damaligem Verständnis nicht zuletzt deshalb, weil sie von einer Stadtmauer umgeben ist. Ludwig „der Bayer" (um 1283–1347), seit 1328 Kaiser des Heiligen Römischen Reichs deutscher Nation, erlässt 1331 seinen „lieben Bürgern von Aichach" die Marktsteuer, damit sie mit diesen Mitteln „eine Ringmauer um den Markt Aichach" – so die Urkunde – errichten können. Die Ringmauer ersetzt einen Erdwall mit hölzernen Palisaden. Der Chronist Josef Müller hält fest: „Und es kann kein Zweifel sein, daß die damals errichtete Ringmauer in der Hauptsache die gleiche Mauer ist, die heute noch, zum Teil in Häuser und Scheunen verbaut, zum Teil noch gut sichtbar, erhalten ist." Nur wenige Jahre später –1347 – verleiht Kaiser Ludwig „der Bayer" dem nun mauerumgürteten Markt Aichach ein Stadtrecht nach dem Vorbild von München und anderen oberbayerischen Städten.

Im Schutz der Stadtmauer halten sich Wittelsbacher in der zweiten Hälfte des 14. Jahrhunderts des Öfteren in Aichach auf: Mehrmals Kaiser Ludwig IV. „der Bayer", 1353 auch sein Sohn Ludwig V. „der Brandenburger" (1315–1361, ab 1323 Markgraf von Brandenburg), und im Jahr 1364 Stephan II. „mit der Hafte" (1319–1375, ab 1347 Herzog von Bayern) sowie 1384 seine drei Söhne Stephan III. „der Kneißel" (auch: „der Prächtige", um 1337–1413), Johann (1341–1397) und Friedrich „der Weise" (1339–1393). Die drei Erben des Herzogtums Bayern vereinbaren eine gemeinsame Regierung: Stephan III. und Johann wollen Oberbayern verwalten, Friedrich herrscht in Niederbayern allein.

Die alte wittelsbachische Krankheit der Landesteilungen setzt sich aber schon bald fort, als es vor allem wegen Streitereien um die Residenzstadt München zu Unstimmigkeiten und sogar Gewaltakten kommt. 1392 erfolgt die dritte Landesteilung Bayerns. Niederbayern wird zum Herzogtum Bayern-Landshut, regiert von Herzog Friedrich. Das Herzogtum Bayern-Ingolstadt wird von Oberbayern abgetrennt. Per Los fällt der in Ingolstadt regierte Landesteil an Stephan III. Mit dem südlichen Teil Bayerns erhält Johann auch München sowie (geographisch nicht mit dem Territorium verbundene) Besitzungen in der Oberpfalz. Drei Linien der Wittelsbacher – Bayern-Landshut, Bayern-Ingolstadt und Bayern-München – sind nun entstanden.

Aichach gehört nunmehr zum Herzogtum Bayern-Ingolstadt: „Es war dies das zerrissenste und in seiner politischen Topographie unglücklichste der mittelalterlichen Teilherzogtümer, bestand es doch aus zwei untereinander unverbundenen Gebietsteilen", so das

„Historische Lexikon Bayerns". Kurios ist: Zu diesem merkwürdigen territorialen Gebilde gehören Aichach ebenso wie die nahen Städte Friedberg, Schrobenhausen und Neuburg an der Donau, aber auch Gebiete im Chiemgau sowie die fernen Tiroler Städte Rattenberg, Kufstein und Kitzbühel. (Das zersplitterte Bayern hat seinerzeit – als ein Ergebnis der zweiten Landesteilung von 1349/1353 – sogar noch einen vierten Landesteil: Das wittelsbachische Teilherzogtum Straubing-Holland bleibt bis zum Tod des letzten Herzogs von Niederbayern-Straubing-Holland – Johann III. (1374–1425, er trägt den selbsterklärenden Beinamen „Ohnegnade") – in den Grenzen von 1353 erhalten. Das „Straubinger Ländchen" wird damals von Lüttich aus regiert. Später wird Den Haag zum Residenzort werden.

Schädlich wirken sich auf Aichach die aus der wittelsbachischen „Teileritis" resultierenden innerbayerischen Konflikte aus. Als Herzog Friedrich von Bayern-Landshut 1393 stirbt, bekriegen sich prompt seine Brüder Stephan und Johann im Streit um die Vormundschaft für den Erben, den erst 13-jährigen Heinrich. Als Heinrich XVI. „der Reiche" (1386–1450) wird dieser Wittelsbacherspross ab 1393 das Herzogtum Bayern-Landshut regieren: Er wird der erste der drei sogenannten „reichen Herzöge" sein. Doch zunächst einmal wird an der Aichacher Stadtmauer gestorben, weil 1394/95 Wittelsbacher gegen Wittelsbacher kämpfen und diese Stadt erstürmen wollen: Zweimal belagern Herzog Johann II. von Bayern-München und sein Sohn Ernst (1373–1438) Aichach, beide Male vergeblich.

Man schlägt sich, man verträgt sich. Bereits 1395 wagt man den nächsten Versuch einer gemeinsamen Regierung – und streitet doch gleich wieder, als Herzog Johann 1397 das Zeitliche segnet. Schon 1402 vertreibt Herzog Ernst den Pfleger Herzog Stephans III. aus Aichach. Trotzdem scheint diese unruhige Epoche eine Aichacher Blütezeit zu sein, so der Chronist Josef Müller: „Diese Fürstenbesuche, Urkunden und Kämpfe lassen die Bedeutung, welche der seit Ludwig dem Bayern stark bewehrten, inmitten des Ingolstädter Gebietes und in einer fruchtbaren Gegend gelegenen Stadt im Streite zwischen den beiden Linien der Wittelsbacher zukam, deutlich erkennen." Ludwig VII. „der Gebartete" (1368–1447, ab 1413 Herzog von Bayern-Ingolstadt) stimmt 1403 in Aichach dem Vertrag zu, der nun die Teilung des Landes besiegelt.

Herzog Ludwig VII. „der Gebartete" (auch: „im Barte") ist derjenige Wittelsbacher, der die Altstadt des heutigen Aichach am stärksten geprägt hat und dessen Spuren dort folgerichtig zu entdecken sind. Josef Müller schreibt: „Eng verbunden ist Aichachs Geschichte mit Herzog Ludwig im Barte, einer der merkwürdigsten Gestalten unter den bayerischen Fürsten, viel gehaßt, unglücklich durch eigene Schuld, nach seinem Tode aber viel bemitleidet und verehrt." Ludwig ist der einzige Wittelsbacher, von dem im Aichacher Stadtzentrum eine historische Darstellung zu sehen ist, die allerdings ein halbes Jahrtausend nach seinem Tod entsteht und nur das Fantasieprodukt eines Malers ist. Dieses Ganzkörperporträt des Wittelsbachers findet man in der Spitalkirche Heilig Geist: Ein gewisser Johann Georg Unglerth – ein zu Recht wenig bekannter Aichacher Maler – hat das Wandfresko im Jahr 1789 geschaffen. Es stellt den Herzog im Harnisch und mit wallendem grauen Bart auf einem hohen Sockel stehend dar. Auf einem Blatt in seiner rechten Hand sieht man die Zeichnung der (zeitlich freilich völlig unpassend) barocken Fassade der Spitalkirche und des Spitals. Eine Inschrift auf dem Sockel überliefert: „Ludwig der Gebartete von Bayern stiftete 1418 dieses Spital zum Besten hiesiger Bürgerschaft und ist wahrhaft jener barmherzige Samaritan, welcher den Kranken Wein und Öl in die Wunden goß." Diese Malerei ist wohl 1830 renoviert worden.

Das Innere der um 1420 errichteten und nach dem Dreißigjährigen Krieg ab 1642 wiederhergestellten Spitalkirche wirkt mittelalterlich finster. Spärliches Licht fällt unter anderem auch durch ein kleines Fenster in der östlichen Wand, dessen Glasmalerei die Madonna im Strahlenkranz – gerahmt vom weiß-blauen Rautenwappen und von einem Wappen mit dem Löwen der Rheinpfalz – darstellt. Die Düsternis in der Spitalkirche steht im krassen Gegensatz zu der heiter-barocken Fassade dieses Sakralbaus an der Ostseite des

An der Westfassade der Spitalkirche am Aichacher Marktplatz erinnern zwei Denkmäler aus sehr unterschiedlichen Zeiten an die Wittelsbacher. Neben dem Wappenstein aus der Zeit um 1418 entstand 1789 eine Wandmalerei, als der Kurfürst aus der Pfalz das Land Bayern geerbt hatte.

Im Inneren der Aichacher Spitalkirche entdeckt man die Darstellung Herzog Ludwigs VII. „des Gebarteten".

Stadtplatzes. Dessen Turm erhält erst 1789 das heutige Aussehen – in eben jenem Rokokostil, den auf dem Fresko im Kircheninneren das Blatt in der Hand des mittelalterlichen Herzogs vermittelt.

An der Fassade entdeckt man eine weitere Spur des Wittelsbacherherzogs – nämlich jenen Wappenstein, durch den Ludwig VII. „der Gebartete" um 1418 seine Verdienste um die Entstehung der Stadtmauer von Aichach festhalten lässt. Solche Gedenksteine mit seinem

Wappen mit den weiß-blauen Rauten Bayerns und mit dem Löwen der Rheinpfalz rahmen die Glasmalerei mit dem Motiv einer Strahlenkranzmadonna in der Spitalkirche. Die Glas malerei entstand folglich wohl im Jahr 1789.

An der Fassade der Spitalkirche erinnert ein farbenprächtiges Denkmal mit einem vielteiligen Wappen an das Jahr 1777, als ein Wittelsbacher Kurfürst aus der Pfalz am Rhein der neue bayerische Landesherr wurde.

Ein Denkmal für den Wittelsbacher aus der Rheinpfalz

1777 stirbt Kurfürst Maximilian III. Joseph – er ist erst 50 Jahre alt – an den Pocken. Der Wittelsbacher ist der letzte männliche Nachkomme von Kaiser Ludwig IV. „dem Bayern" und somit letzter Regent der Ludwigischen Linie. Weil er keinen männlichen Erben hat, hat Maximilian III. Joseph mit dem Pfalzgrafen Friedrich Michael von Pfalz-Zweibrücken-Birkenfeld (1724–1767) schon 1771 vereinbart, dass das Land Bayern nach seinem Tod an die pfälzische Linie der Wittelsbacher fallen solle. Der Erbe – der neue Kurfürst Karl II. Theodor – geht nur äußerst ungern von Mannheim nach München. Er würde Bayern sehr viel lieber gegen die habsburgischen Niederlande eintauschen. Vor dem Tod des Kurfürsten Maximilian III. Joseph hat Karl Theodor (noch als Kurfürst der Pfalz) so ungeschickt verhandelt, dass 1778 der Bayerische Erbfolgekrieg ausbricht. Es wird ein „Kriegchen", das die Preußen „Kartoffelkrieg" und die Österreicher „Zwetschgenrummel" nennen werden: Doch Bayern verliert das Innviertel an die Habsburger.

Eine Malerei an der Spitalkirche zeigt die Wappen der Besitzungen, die Kurfürst Karl IV. Theodor ererbt hat: Neben seinem kurfürstlichen Wappen von Bayern sind die Wappen der Herzogtümer Kleve, Jülich und Berg zu sehen, zudem die von Moers, Bergen op Zoom, Mark, Veldenz, Sponheim und Ravensberg. 1789 malt der Aichacher Johann Georg Unglert diese Wappen, darunter eine martialische Allegorie bayerischer Militärmacht: eine Rüstung, Hieb-, Stich- und Schusswaffen, Musikinstrumente und eine Fahne. 1931 wird bei einer Renovierung die Jahreszahl 1777 hinzugefügt.

Die Obergeschosse des Unteren Tors wurden 1634 zerstört. 1646 wurde dieses Stadttor mit einem achteckigen Aufbau und einem Spitzhelm wiederaufgebaut.

Wappengeviert, das je zweimal die Rauten und den Löwen der Rheinpfalz zeigt, hat Herzog Ludwig in den Städten seines Herzogtums zwischen der oberen Donau und dem Inn – nicht zuletzt auch in seiner nahen Stadt Friedberg (ursprünglich an Stadttoren) – anbringen lassen. Wie die Aichacher Ausbaumaßnahmen im Einzelnen aussehen, verrät der Inhalt der Inschrift nicht. Die beiden Stadttore (die im Kern wohl schon bestanden haben) erhalten starke Vorbauten. Die Mauer wird erhöht und mit Zinnen verbessert, der hölzerne Wehrgang wird abgedeckt, Stadtgräben werden neu angelegt. Bald nach dem Ausbau dieser Stadtmauer kämpfen erneut Wittelsbacher gegen Wittelsbacher. Der folgende Bruderkrieg Herzog Ludwigs VII. gegen Heinrich XVI. „den Reichen" und dessen Herzogtum Bayern-Landshut endet damit, dass Aichach 1447 an das Herzogtum Niederbayern fällt (zu dem die Stadt bis 1506 gehören wird).

Unübersehbare Denkmäler dieser friedlosen Zeit sind die im Kern vielleicht schon nach 1331 entstandenen Aichacher Stadttore – das Obere Tor und das Untere Tor. Ihre heutigen Untergeschosse stammen wohl aus der Zeit um 1418, als Herzog Ludwig VII. „der Gebartete" die Stadtbefestigung verstärken ließ. Das Aussehen der

Die Außenseite des Unteren Tors schmückt ein Gemälde: Es zeigt, wie Aichach im Dreißigjährigen Krieg durch General Johann von Werth zurückerobert wird.

Stadttore hat sich seitdem stark verändert: Die Obergeschosse der beiden Tore werden 1634 – im Dreißigjährigen Krieg – zerstört. Das Untere Tor (Stadtplatz 2) wird 1646 mit einem achteckigen Aufbau erneuert und mit einem Spitzhelm gedeckt. Die sehr mittelalterlich wirkenden zinnenbekrönten Durchgänge beiderseits dieses Stadttors entstehen erst 1864. Das Obere Tor (Stadtplatz 46) wird 1697 mit einem achteckigen Aufbau und einer barock geschwungenen Haube erneuert.

Die stadtseitige Fassade des Unteren Tors zeigt die Wappen des Herzogtums Bayern, des lange Zeit in Aichach ansässigen Deutschen Ordens sowie der Stadt Aichach. Die Fensterläden am Stadttor sind auf beiden Seiten der Fassade mit weiß-blauen Rauten bemalt.

Das Obere Tor schließt den Stadtplatz südlich ab. Stadtseitig ist dort eine Gedenktafel zur Erinnerung an den Dreißigjährigen Krieg angebracht.

Weit weniger augenfällig als die Stadttore sind dagegen die Relikte der Stadtmauer. 1895 steht dazu in einem Band über Denkmäler in Bayern: „Das System war das gleiche, wie bei anderen bayerischen Städten, Mauer mit Wehrgang, in gewissen Abständen von Thürmen unterbrochen. Ein einziger Thurm an der Nordwestseite steht noch in voller Höhe. Der Wehrgang ist nirgends erhalten." Die Reste der Mauer, drei Türme und zwei Fragmente von Türmen entdeckt man nur bei einem Spaziergang entlang der ab 1805 weitestgehend

Auch das Obere Tor wurde im Aichacher Katastrophenjahr 1634 zerstört. Dieses südliche Stadttor wurde erst 1697 wiederhergestellt und erhielt seinerzeit einen Aufbau im Stil des Barocks.

Der fast 14 Meter hohe KögIturm entstand vielleicht mit dem Ausbau der Stadtmauer um 1330. Später ersetzte das Zeltdach den mittelalterlichen Zinnenkranz.

verschwundenen beziehungungweise überbauten Befestigung. (Ab 1805 wurde auch der schützende Stadtgraben verfüllt.) Als zinnenbekränzter mittelalterlicher Wehrturm ist der rechteckige Auerturm (an der Gasse „Am Büchel") in voller Höhe erhalten. Im Bereich der benachbarten Prieferstraße finden sich zwei Turmfragmente. Quasi im Schatten des Unteren Tors, etwas weiter nordöstlich, steht der mehreckige, mit einem Zeltdach gedeckte KögIturm (Stadtplatz 16). Auch dieser Turm besaß einst einen Zinnenkranz. Am anderen Ende

Der sogenannte Kollerturm (auch: Spechtturm) ist ein Schalenturm in der Stadtmauer (im Hintergrund die Kuppel des Oberen Tors). In dem ehemaligen Wehrturm befindet sich heute die Zentrale der „Königlich Bayerischen Josefs Partei".

Das Relief des Replikats eines mittelalterlichen Epitaphs im Wittelsbacher Museum im Unteren Tor zeigt den Pfalzgrafen am Rhein und sein Wappenschild.

Das Wittelsbacher Museum im Unteren Stadttor

Das Wittelsbacher Museum Aichach ist im gotischen Unteren Tor der Aichacher Stadtbefestigung zu Hause. Dort werden auf vier Geschossen Funde von der Steinzeit bis in die Frühe Neuzeit präsentiert. Im Zentrum der Ausstellung steht jedoch die mittelalterliche Burganlage von Oberwittelsbach. Zahlreiche Objekte dokumentieren die Baugeschichte und das Leben auf dieser 1209 im Zuge der Strafaktion gegen den Königsmörder geschleiften Burg, nach der sich die Wittelsbacher nannten.

Das Museum wurde 1989 als Zweigmuseum der Archäologischen Staatssammlung gegründet. Im Juli 2019 ging es in die Trägerschaft der Stadt Aichach über und wurde wegen der Umbaumaßnahmen geschlossen. Die Wiedereröffnung ist im Jahr 2020 – rechtzeitig zur Bayerischen Landesausstellung „Stadt befreit – Wittelsbacher Gründerstädte" in Aichach und Friedberg – geplant.

Die bayerischen Rauten in Weiß und Blau entdeckt man in Aichach auch auf einem Wappenschild, angebracht an der Ostfassade des Unteren Tors.

Eine Fassadenmalerei im Aichacher Zentrum stellt Herzog Ludwig „den Gebarteten" dar. Das Aichacher Schloss bei der Stadtpfarrkirche wurde 1704 zerstört.

des Stadtplatzes, südöstlich des Oberen Tors, steht ein halbrunder Schalenturm (Stadtplatz 43), der Kollerturm (auch: Spechtturm).

Die Zugehörigkeit zum Kurfürstentum Bayern ist für Aichach im Dreißigjährigen Krieg eine schwere Hypothek: Die Stadtbefestigung ist wirkungslos, als die Stadt 1632 und 1634 von den Schweden und noch einmal 1646 von schwedisch-französischen Truppen eingenommen wird. 1634 wird die Stadt nicht nur beschossen, sondern aus Rache niedergebrannt und zur Plünderung freigegeben. An das

Bei der Stadtpfarrkiche Mariä Himmelfahrt liegt der Danhauserplatz. Der dort 1924 aufgestellte steinerne Nischenbrunnen mit dem Madonnenrelief zeigt das Wappen mit den bayerischen Rauten.

Aichacher Katastrophenjahr erinnern Kanonenkugeln im Mauerwerk beider Stadttore. An der feldseitigen Fassade des Unteren Tors zeigt eine Malerei die Rückeroberung Aichachs durch den bayerischen General Johann von Werth, und an der Stadtseite des Oberen Tors erinnert eine Gedenktafel an diese für Aichach so verheerende Zeit.

Im Spanischen Erbfolgekrieg plündern und verwüsten dann auch noch österreichische und englische Truppen die so verarmte Stadt. Den kriegerischen Ereignissen von 1704 fällt nicht nur das schon bald im barocken Stil wiederaufgebaute Rathaus, sondern auch das herzogliche Pflegschloss zum Opfer. Dieser Bau stand am heutigen Schlossplatz. Über den Resten des zerstörten Schlosses neben der Kirche Mariä Himmelfahrt errichtet man von 1721 bis 1724 ein Pflegamtsgebäude, das (jedoch stark überbaut) bis heute besteht. Am benachbarten Danhäuserplatz stößt man auf die bayerischen Rauten: Sie sind dort am Madonnenrelief im steinernen Nischenbrunnen eines 1924 aufgestellten Kriegerdenkmals zu entdecken.

Beiderseits des leicht s-förmig gekrümmten Stadtplatzes stehen teils schon im 17. Jahrhundert erbaute Bürgerhäuser und Gastwirtschaften. Unweit des barocken Rathauses erinnern der Ausleger und

An einem steinernen Pfeiler am „Wittelsbacher Weg" zeigt ein Wappengeviert unter anderem die Rauten der Wittelsbacher, den Löwen der Rheinpfalz und den Sparren, ein Wappenbild der Grafen von Scheyern.

Seit 1880 steht dieser wappenhaltende Löwe auf dem steinernen Pfeiler am „Wittelsbacher Weg" in Aichach.

die Fassadenmalerei des „Hotel Restaurants Bauerntanz" daran, dass dort Herzog Maximilian in Bayern, der Vater der späteren Kaiserin Elisabeth von Österreich und Königin von Ungarn, verkehrte. Ein paar Schritte davon entfernt stellt eine moderne Fassadenmalerei Herzog Ludwig VII. „den Gebarteten" mit Schwert und in Rüstung dar. Das Ganzkörperporträt zeigt den Wittelsbacher mit einem Blatt, auf dem die mittelalterliche Ansicht der Spitalkirche abgebildet ist.

Weit außerhalb des Stadtkerns zweigt von der Schrobenhausener Straße der „Wittelsbacher Weg" ab: Dort vorbei kommt man zu den Straßen nach Oberwittelsbach und Unterwittelsbach. Den hohen steinernen Pfeiler an der Weggabelung schenkt 1834 ein Aichacher Steinmetz. Eine Inschrift im Rotmarmor unter der Kreuzgiebelverdachung weist den Weg „Hinauf nach Oberwittelsbach, zum alten Schyrenschloss" (zur Burg der Grafen von Scheyern), eine zweite preist überschwänglich der „Wittelsbacher Heldenruhm" und ihren „frommen Sinn". Die Aichacher haben ihren Patriotismus entdeckt: Man gibt es damals ein bisschen schwülstig und ein bisschen devot. 1880 stiftet die Besitzerin einer Aichacher Brauerei den steinernen bayerischen Löwen, den man auf diesen Pfeiler stellt: Eine Tatze des Wappentiers hält dort seitdem den Rautenschild der Wittelsbacher.

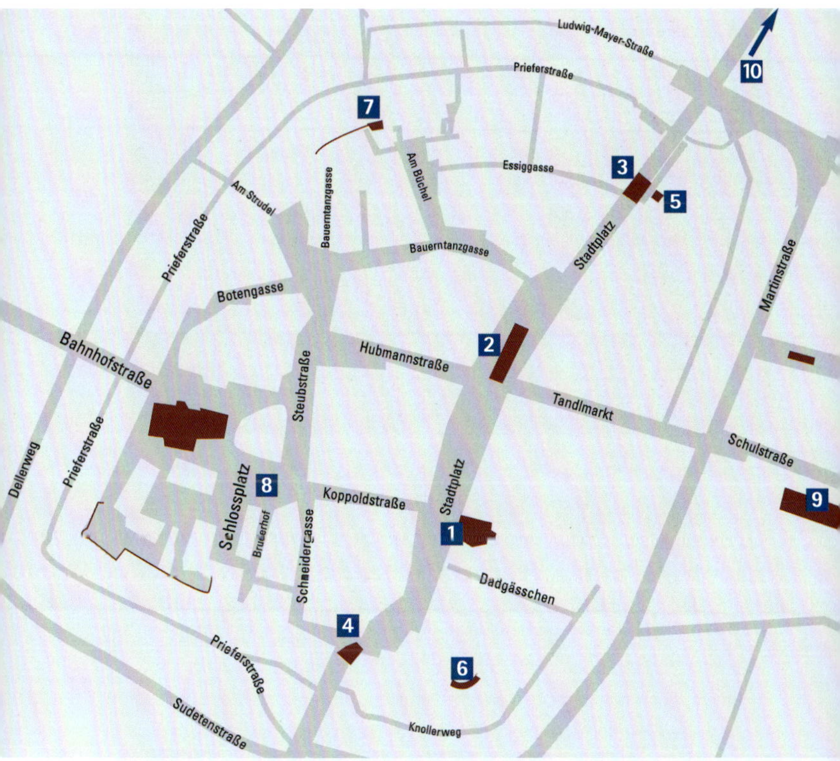

Spuren der Wittelsbacher in Aichach

1 Spitalkirche Heilig Geist **2** Rathaus **3** Unteres Tor **4** Oberes Tor **5** Kögltum **6** Kollerturm (auch: Spechtturm) **7** Auerturm **8** Schlossplatz **9** Stadtmuseum **10** Pfeiler am „Wittelsbacher Weg"

Wissenswertes zu Aichach

- **Information:** Zu den Wittelsbachern in Aichach erteilt das Infobüro im Rathaus (Stadtplatz 40, Telefon 0 82 51/9 02 0, rathaus@aichach.de) Auskunft. Dort gibt es den Prospekt „Entdeckungstour durch Aichach".
- **Geschichte:** Zur Geschichte Aichachs und seiner Stadtteile Ober- und Unterwittelsbach informiert eine städtische Website (www.aichach.de).
- **Abstecher:** Ein (modernes) Denkmal im Aichacher Ortsteil Unterschneitbach erinnert an die sogenannte Schneitbacher Einung. Eine auf Burg Unterschneitbach ausgestellte Urkunde Ludwigs IV. „des Bayern" gilt heute als ein „wichtiger Meilenstein des Parlamentarismus in Bayern".
- **Stadtmuseum:** Informationen zu Öffnungszeiten und zu Führungen im Museum (Schulstraße 2) findet man unter www.stadtmuseum-aichach.de.

Im Stadtmuseum Aichach zeigt ein Gemälde Kaiser Ludwig IV. „den Bayern" vor der Burgkirche und dem 1812 aufgestellten Denkmal in Oberwittelsbach.

Die Wittelsbacher und ihre Zeit im Stadtmuseum Aichach

Gemälde im Stadtmuseum Aichach illustrieren ein zentrales Kapitel der Stadtgeschichte – die enge Verbindung zu den Wittelsbachern und deren Burg in Oberwittelsbach. Diese Bilder sind Dokumente des aufkeimenden Patriotismus im noch jungen Königreich Bayern. Die politisch so repressive Ära war das Zeitalter der Romantik, das sich durch die Wiederentdeckung des Mittelalters und neues Interesse an Burgen und Burgruinen ausdrückte.

Als Zeugnis dieser Strömung hängt im Stadtmuseum Aichach die Fantasiedarstellung der Burg Oberwittelsbach, die um 1840 in Öl gemalt wurde. Vor dem Burghügel platzierte der anonyme Künstler (heute würde man das Werk wohl der Naiven Kunst zurechnen) einen ruhenden Löwen: Seine Pranken liegen auf einem Schild, einem Schwert und einem Spieß. Ein Ölgemälde von 1829 zeigt in einer Fantasiedarstellung Kaiser Ludwig „den Bayern" samt Gefolge vor der Burgkirche und einer Gedenkpyramide in

Zu den prominenten Exponaten im Stadtmuseum zählt auch das Fantasiegemälde der mittelalterlichen Wittelsbacherveste auf dem Burghügel in Oberwittelsbach.

1834 hielt Gustav Kraus mit seiner kolorierten Lithografie die Einweihung des Nationaldenkmals auf dem Burgplatz in Oberwittelsbach fest.

Oberwittelsbach. Andere Exponate sind dagegen durchaus als Dokumente der Zeitgeschichte zu sehen. Zu ihnen zählt eine kolorierte Lithographie mit dem Titel „Feyerliche Enthüllung des National Denkmales in Ober Wittelsbach am 25. August 1834". An das griechische Abenteuer eines Wittelsbachers erinnert das Hinterglasbild mit dem Titel „König Ludwig I. von Bayern im Familienkreise. bey Betrachtung eines Gemäldes, welches den Einzug des Königs Otto in Nauplia vorstellt." (Otto regierte von 1832 bis 1862 als erster König Griechenlands.) Ein Glanzlicht des Museums ist ein Porträtgemälde des 1813 verstorbenen Johann Jakob Dorner: Es stellt Kaiser Ludwig „den Bayern" dar. Das Elend der napoleonischen Ära und die Zeit der Koalitionskriege von 1792 bis 1815 thematisiert im Museum eine „Einquartierungszettelbahn": Bis 1802 wurden bei einem Aichacher Bräu 1700 Offiziere und 11 200 Soldaten samt Pferden einquartiert. In der vergeblichen Hoffnung auf Entschädigung beklebte dieser ausgeplünderte Aichacher eine 15 Meter lange Leinwand mit 1708 Einquartierungsbelegen.

Das Hinterglasbild aus der Zeit um 1835 mit dem Titel „König Ludwig I. von Bayern im Familienkreise" erinnert an Otto von Bayern: Das befreite Griechenland wählte ihn 1832 zum König.

Ein grausamer Herzog lässt die Burg erbauen und macht Friedberg zur Stadt

Friedberg: Das Schloss, die Stadtmauer und die „Galerie" der Wittelsbacher im Rathaus

Friedberg wurde unter dem letzten Staufer Konradin gegründet: Er wurde dabei maßgeblich von Herzog Ludwig II. „dem Strengen" beeinflusst, der sich seinen Beinamen durch die Ermordung seiner Gemahlin Maria von Brabant und andere Grausamkeiten erworben hatte. Herzog Ludwig II. ließ die Burg errichten und gab Friedberg das Stadtrecht. Auch der zweite für Friedberg besonders wichtige Wittelsbacher, Herzog Ludwig VII. „der Gebartete", der die Stadtmauer bauen ließ, war eine etwas obskure Figur. Er wurde exkommuniziert und geächtet, er starb als Gefangener und im Kirchenbann. Bis heute erinnern das Friedberger Schloss, die Stadtmauer und Wandmalereien im Rathaus an die Wittelsbacher.

Friedberg ist (im Vergleich zu einigen seiner Stadtteile, erst recht zum nahen Augsburg) eine junge Stadt. Hier stehen lediglich ein paar Höfe, als die Winzenburg – wohl nur ein befestigter Bauernhof – zu jener Burg ausgebaut wird, aus der sich in Jahrhunderten

Oben: Herzog Ludwig II. „der Strenge" ließ in der Zeit um 1257 in Friedberg eine Burg bauen. An ihrer Stelle steht heute das Wittelsbacher Schloss.

das Friedberger Schloss entwickeln sollte. Wann genau das ist, dazu machen die Chronisten abweichende Angaben. Darum hat man sich für die Inschriftentafel an der Fassade des Friedbergers Schlosses auf die Zeitangabe „um 1257" verständigt. Der Friedberger Chronist Hubert Raab hält im „Stadtbuch Friedberg" fest: „Der genaue Zeitpunkt der Gründung der Burg Friedberg ist nicht zu ermitteln." Sicher ist aber der Gründer, der Wittelsbacherherzog Ludwig II. „der Strenge", der 1256, also ungefähr in der Zeit dieses Burgenbaus auf dem Lechrain, auf der Burg Mangoldstein im heutigen Donauwörth seine Gemahlin Maria von Brabant aus Eifersucht (oder auch aus gespieltem Zorn und politischem Kalkül) enthaupten lässt. Einig sind sich die mittelalterlichen Chronisten (bis hin zum fast identischen Wortlaut) in Bezug auf den Bau oder Ausbau der Burg in Sichtweite Augsburgs: „Diser [...] Ludwig pawt [baut] die purgk Fridberg. Das tet er wider den bischof und die burger zu Augspurg." Der Bau der Burg richtet sich also gegen den Bischof und die Bürger Augsburgs.

Ganz so eindimensional sei die Motivation des Wittelsbachers dann aber doch nicht gewesen, meint der Chronist Hubert Raab. Es geht generell um den Streit um das Herzogtum Schwaben und um „die Sicherung der Straßenverbindungen, der Grenze und der damit verbundenen Zolleinnahmen." Und es geht darum, dass es die Politik der Wittelsbacher ist, ihr mal glücklich, mal geschickt, mal mit gewalttätigem Nachhelfen ererbtes und längst mächtiges Territorium durch Festungen und Städte zu sichern. Die Burg auf dem Lechrain aber ist ein Verwaltungs- und Militärstützpunkt, der fast zwangsläufig die Gründung der Stadt Friedberg nach sich zieht.

„Friedberg ist in der glücklichen Lage, in der Einung [vertraglichen Einigung] König Konradins [des Staufers] und seines Oheims, des

Größere Teile der Friedberger Stadtbefestigung blieben trotz mehrfacher Zerstörung bis heute erhalten – hier ein Mauerabschnitt im Osten der Altstadt.

Die Inschrift des Wappensteins Herzog Ludwigs VII. „des Gebarteten“ (um 1419, heute in der Stadtpfarrkirche St. Jakob) erinnert an den Ausbau des Schlosses und an den Bau der gemauerten Stadtbefestigung.

Herzogs Ludwig von Bayern, mit der Bürgerschaft am 6. Februar 1264 eine ‚Stadtgründungsurkunde‘ zu haben.“ Diese Urkunde hält fest, dass der Staufer und der Bayer gedenken, innerhalb von drei Jahren bei dieser Burg auch eine Stadt zu erbauen. Der „eigentliche Gründer“ Friedbergs ist, so Raab, zwar der zwölfjährige Staufer. Doch hinter der Stadtgründung steht Herzog Ludwig II. „der Strenge“ als maßgeblicher Berater. Der Wittelsbacher ist der große Nutznießer, als Konradin – der letzte Staufer – 1268 in Neapel geköpft wird. Herzog Ludwig erbt etliche „Filetstücke“ der staufischen Territorien: Nahe Augsburg beherrscht der Wittelsbacher nun das östliche Lechufer von Schongau über Landsberg und Friedberg bis Donauwörth.

Es ist fast unausweichlich, dass sich politische Reibereien zu bewaffneten Konflikten ausweiten, und Friedberg hat dabei immer wieder unter seiner Nähe zu Augsburg zu leiden. 1296 brennen die Augsburger Friedberg erstmals nieder – die Burg können sie nicht erobern. Die politischen Fronten und das Verhältnis Augsburgs zum benachbarten Bayern ändern sich aber mehrfach: 1315 flüchtet König Ludwig „der Bayer“ (um 1283–1347, Kaiser ab 1328) beispiels-

Von 1409 bis 1412 wurden die hölzernen Palisaden der Stadtbefestigung durch eine Mauer aus gebrannten Ziegeln und Schlemmputz ersetzt.

weise vor Truppen Herzog Leopolds von Österreich in die Friedberger Burg. Als ihm allerdings diese Festung nicht mehr sicher genug erscheint, zieht er sich in die nahe Reichsstadt Augsburg zurück.

Als Ludwig „der Bayer" 1347 stirbt, schwächen seine sechs Söhne in typisch wittelsbachischer Uneinigkeit Bayern 1349 erneut durch eine Landesteilung. Die Schwäche Bayerns stärkt die süddeutschen Reichsstädte, und in den Konflikten zwischen Augsburg und Bayern hat die Grenzstadt Friedberg stets die schlechtesten Perspektiven. Ende 1372 erobern 300 Augsburger den Grenzort, plündern ihn und brennen ihn nieder: „aber die veste gewann man nit." Dies hält eine Chronik fest. Und auch 1388 wird die offenbar stark befestigte Burg nicht eingenommen, als die Truppen des schwäbischen Städtebunds Friedberg neuerlich plündern und niederbrennen. (Diesmal kämpfen Augsburg und weitere schwäbische Reichsstädte gegen den Grafen von Württemberg und den Herzog von Bayern.) Und wenn Augsburg mal eben keinen Anlass sieht, das nahe Friedberg zu zerstören, erledigen das die streitsüchtigen Wittelsbacher selbst. Nachdem durch eine neuerliche bayerische Landesteilung 1392 die drei Teilherzogtümer Bayern-Landshut, Bayern-Ingolstadt und Bayern-München

Der Alte Wasserturm ist einer von 17 erhaltenen Mauertürmen der Stadtbefestigung. Der Wehrturm diente ab 1606 der Trinkwasserversorgung.

entstanden sind, wird Friedberg von den Truppen Herzog Johanns II. von Bayern-München (1341–1397) und seines Sohnes, Herzog Ernst (1373–1438), gestürmt und geplündert. Zuvor waren diese beiden Wittelsbacher bei ihrem Sturm auf die ab 1331 errichtete Stadtmauer von Aichach gescheitert.

In der Zeit nach dem Jahr 1400 treibt Ludwig VII. „der Gebartete" (1368–1447), ab 1413 Herzog von Bayern-Ingolstadt, den Ausbau Friedbergs und seiner Befestigungen voran. Der Bruder der Königin Isabeau von Frankreich erneuert 1404 das Friedberger Stadtrecht und lässt ab 1409 die Burg verstärken, den Stadtgraben anlegen und die Stadtmauer bauen. Verputztes Mauerwerk aus gebrannten Ziegeln ersetzt nun die bisherigen hölzernen Palisaden. Die Inschrift eines um 1419 entstandenen Gedenksteins in der Stadtpfarrkirche St. Jakob (der Stein war früher am Rathaus angebracht) überliefert diese Maßnahmen. Derartige Denkmäler hat der Herzog in allen seinen Städten – von Lauingen an der Donau bis Kufstein am Inn – setzen lassen: Auch in Aichach ist ein solcher reich verzierter und farbig gefasster Inschriftenstein des Wittelsbacherherzogs erhalten. Sein Wappengeviert zeigt je zweimal die Rauten und den Löwen.

Unweit des Schlosses erinnert eine Installation – das „Gedächtnis der Mauer" – an die mehr als 800 Jahre währende Historie der Friedberger Stadtbefestigung.

Herzog Ludwig VII. „der Gebartete" ist ein prototypischer Wittelsbacher dieser Epoche. Er legt sich mit allen und jedem an. Im Streit mit Klöstern wie Kaisheim, Fürstenfeld, Scheyern oder Ettal wird er von päpstlichen, konziliaren und kaiserlichen Gerichten verurteilt, wiederholt exkommuniziert sowie durch den Kaiser geächtet. Vom eigenen Sohn – Herzog Ludwig VIII. „dem Buckligen" (1403–1445, ab 1438 Herzog von Bayern-Ingolstadt) – wird er gestürzt. Als er als Gefangener seines Verwandten und Erzfeinds – Heinrichs XVI. „des

Der Folterturm ist einer von neun Wehrtürmen in der westlichen Stadtmauer. Die Mauertürme wurden seit der Mitte des 18. Jahrhunderts zu Wohnzwecken genutzt.

Eine Gedenktafel erinnert an das zu Zeiten Herzog Ludwigs VII. „des Gebarteten" erbaute, 1793 auf Anordnung des Kurfürsten abgetragene Augsburger Tor.

Reichen" (1386–1450), des Herzogs von Bayern-Landshut – 1447 auf der Burg in Burghausen stirbt, ist Herzog Ludwig VII. „der Gebartete" noch immer mit dem Kirchenbann belegt. Von 1420 bis 1422 hatte dieser Herzog von Bayern-Ingolstadt im Bayerischen Krieg gegen Heinrich XVI. „den Reichen" gekämpft. Es ist wiederum ein Streit mit schlimmen Auswirkungen auf Friedberg: Denn im Frühjahr 1422 stürmen und verbrennen die Truppen der Herzöge Wilhelm und Ernst von Bayern-München die Stadt. Und wieder

Diese Inschriftentafel erinnert an das „Patrollhaus": In Friedberg war bayerisches Militär stationiert, das die Grenze zum nahen Augsburg überwachte.

Das barocke Rathaus der Stadt Friedberg wurde nach dem Dreißigjährigen Krieg erbaut. Auf der Brunnensäule davor steht eine Figur der Patrona Bavariae.

können die Angreifer „das geschloß [die burg wird jetzt also bereits als Schloss bezeichnet] mit aller irer macht nit gewinnen".

Die Stadtmauer, deren Ausbau Herzog Ludwig VII. „der Gebartete" beginnt, hat Friedberg auch in späteren Konflikten wenig geholfen. Während des Dreißigjährigen Kriegs wird Friedberg gleich zweimal – 1632 (die Stadt brennt damals sechs Tage lang) und 1646 – zerstört. Und auch durch den Spanischen Erbfolgekrieg wird die

Hinter der Fassade des Rathauses, die teils im Stil der Renaissance, teils mit barocken Stilelementen gestaltet ist, verbirgt sich der Ratssaal der Stadt. Dort stellen Wandmalereien Wittelsbacher sowie Frauen ihrer Familie dar.

Eine Szene der Stadtgeschichte im Ratssaal zeigt Herzog Wilhelm V. „den Frommen" und seine Familie.

Stadt in Mitleidenschaft gezogen. Ein Großteil der Stadtbefestigung bleibt freilich erhalten: 17 Wehrtürme und längere Abschnitte der Stadtmauer sind noch zu sehen. Gedenktafeln erinnern an drei abgebrochene Stadttore und an ein „Patrollhaus" der Grenzsoldaten. Das Wittelsbacher Schloss wurde nach der Zerstörung im Dreißigjährigen Krieg ab 1652 wiederaufgebaut. Dort wird heute die Geschichte der Grenzstadt Friedberg sowie etlicher für das Schloss relevanter Wittelsbacher, der Witwen von Wittelsbachern und der luxusliebenden Schwiegermutter eines Bayernherzogs vermittelt.

Porträts solcher historischer Persönlichkeiten entdeckt man auch in den Wandfresken des Rathauses, das nach der Zerstörung der Stadt erst lang nach dem Ende des Dreißigjährigen Kriegs – 1673/74 – neu errichtet wird. Für den Ratssaal schafft der Münchener Historienmaler Joseph Widmann 1891/92 ein Denkmal der Wittelsbacher in Friedberg. An der Westwand sieht man Szenen jenes Scheibenschießens, das Herzog Wilhelm V. 1592 in Friedberg zu Ehren seiner Gäste veranstaltete. In einer der Malereien sind Herzog Wilhelm V. „der Fromme" (1548–1626), seine Gemahlin Renata von Lothringen und ihre Kinder Maximilian (der spätere Kurfürst Maximilian I.) und Maria Anna (sie heiratete im Jahr 1600 ihren Cousin Ferdinand von

Ein Fresko stellt zwei Habsburger, den späteren Kaiser Matthias und seinen Bruder Erzherzog Maximilian III., als Gäste Herzog Wilhelms V. im Schloss dar.

Habsburg, ab 1619 Kaiser des Heiligen Römischen Reichs deutscher Nation) zu sehen. Das zweite Motiv bildet zwei Habsburger, den späteren Kaiser Matthias und Erzherzog Maximilian III., ab. Die dritte Szene zeigt die Verleihung eines Privilegs durch Herzog Wilhelm von Bayern an die Friedberger Schützengilde: Es brachte den Schützen das Recht, einen Hirschen in den herzoglichen Wäldern zu erlegen, und acht Pfund Pfennige ein. Der Maler nutzte bei dieser Szene die Gelegenheit, eine prachtvolle bayerische Fahne abzubilden.

Zwei bayerische Löwen im Wandfresko halten jeweils eine Kartusche mit den Buchstaben „W" beziehungsweise „R": Es sind die Initialen von Herzog Wilhelm V. und seiner Gemahlin Renata von Lothringen.

Ausschnitt aus der Szene der Verleihung des herzoglichen Privilegs an die Friedberger Schützengilde.

An der südlichen und der nördlichen Wand des Ratssaals stellen gemalte Porträtmedaillons drei Angehörige des Hauses Wittelsbach und drei für die Geschichte Friedbergs bedeutsame Frauen dar. Die Porträts an der Nordwand zeigen erstens Herzogin Christina von Lothringen (die Mutter jener Renata von Lothringen, die von 1579 bis 1597 Herzogin von Bayern war), zweitens Herzog Albrecht V. „den Großmütigen" (1528–1579) und drittens Kurfürstin Maria Anna von Österreich, die 1635 im Alter von 25 Jahren ihren um 37 Jahre älteren Onkel – den damals schon 62-jährigen bayerischen

Auf einem Fresko über den Fenstern des Erkers im Friedberger Ratssaal ist ein Porträtmedaillon des Prinzregenten Luitpold zwischen zwei bekrönten bayerischen Löwen zu entdecken. Luitpold regierte Bayern, als die Malereien im Ratssaal entstanden.

Porträts von Wittelsbachern und Frauen der Familie in den Wandfresken im Friedberger Ratssaal: An der nördlichen Wand sind links Herzogin Christina von Lothringen, in der Mitte Albrecht V. „der Großmütige" sowie rechts Maria Anna von Österreich (linke Spalte von oben) abgebildet. An der südlichen Wand sind links Ludwig VII. „im Barte", in der Mitte Margarete von Brandenburg und rechts Georg „der Reiche" von Bayern-Landshut (rechte Spalte von oben) zu sehen.

Die Wandmalereien an der Ostwand des Ratssaals lassen unter anderem eine Ansicht des Friedberger Schlosses aus Richtung Westen erkennen.

Kurfürsten Maximilian I. – ehelichte. An der Südwand des Ratssaals sind Herzog Ludwig VII. „der Gebartete" (die Inschrift nennt ihn „im Barte") sowie Margarete von Brandenburg, die Gemahlin des Herzogs Ludwig VIII. „des Buckligen" (sie bezog das Schloss 1445 als Witwensitz), und Georg „der Reiche" (1455–1503), der Herzog von Bayern-Landshut, abgebildet. Über den Fenstern des Erkers im Ratssaal ist auch Prinzregent Luitpold (1821–1912) dargestellt: Er regierte bis 1912 für den geisteskranken König Otto I. (1848–1916).

In den allegorischen Szenen der Stadtgeschichte an der Westwand des Ratssaals sind im Hintergund Türme der Friedberger Stadtmauer auszumachen.

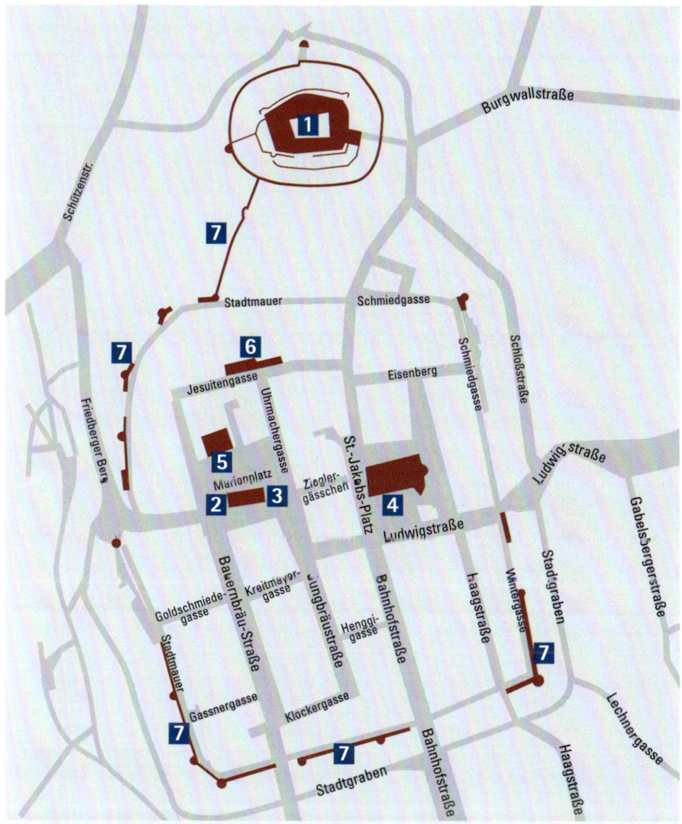

Spuren der Wittelsbacher in Friedberg

1 Wittelsbacher Schloss **2** Rathaus **3** Marienbrunnen **4** St. Jakob **5** Ehem. Jesuitenkolleg **6** Ehem. Jesuitenkirche **7** Stadtmauer

Wissenswertes zu Friedberg

Information: Die Tourist Information der Stadt Friedberg befindet sich im barocken Rathaus (Marienplatz 1, Telefon 08 21/60 02-4 50 oder 60 02-4 36, touristinfo@friedberg.de, www.friedberg.de/tourismus).

- **Besichtigung des Ratssaals im Rathaus:** Die Wandfresken und Porträtmedaillons der Wittelsbacher sieht man nur im Rahmen von Führungen.
- **Rundgang um die Stadtmauer:** Ein etwa zweieinhalb Kilometer langer Spaziergang um die Friedberger Stadtmauer dauert keine Dreiviertelstunde. Man kann der Mauer auch in den ruhigen Gassen in der Altstadt folgen. In der Tourist-Information ist dazu die informative Broschüre „Friedberg. Stadtbefestigung – im Wandel der Zeit" erhältlich.

Im Museum zu sehen: Die Porträts von Kurfürst Maximilian III. Joseph sowie von Kurfürstin Maria Anna Sophie, Prinzessin von Polen und Sachsen.

Das Museum im Wittelsbacher Schloss Friedberg

Das Wittelsbacher Schloss ist eine ab 1257 errichtete, danach ab 1409, 1552, 1652, um 1720, 1782 und ab 1977 um- oder teils wiederaufgebaute Vierflügelanlage. Nach dem Tod Ludwigs II. „des Strengen" wurde die Burg zum Witwensitz seiner Gemahlin Mechthild von Habsburg. Der spätere Kaiser Ludwig IV. „der Bayer" soll sich ebenfalls dort aufgehalten haben. 1886 wurde im Schloss das Friedberger Museum gegründet. 2019 konnte das Museum nach der vier Jahre lang dauernden Sanierung des Wittelsbacher Schlosses wiedereröffnet werden. Unter den Exponaten seiner in sieben Abteilungen gegliederten Dauerausstellung sind auch Prunkstücke der einst im Schloss gefertigten Fayence zu sehen. Kurfürst Maximilian III. Joseph von Bayern (1727–1777) hatte 1754 im Schloss eine Manufaktur für Tonware mit weiß deckender Glasur einrichten lassen. Weil die Manufaktur nur bis 1768 bestand, ist Fayence aus Friedberg heute eine gefragte Rarität. Das Museum zeigt mit Blauweißmalereien verzierte Geschirre und erklärt ihre Produktion. Zwei Ölgemälde porträtieren Kurfürst Maximilian III. Joseph und seine Gemahlin. Der Schwerpunkt der Sammlung sind die kostbaren Friedberger Uhren aus der Zeit vom 17. bis ins 19. Jahrhundert. Zu sehen sind zudem archäologische Funde, sakrale und moderne Kunst.

Den für die Schlossgeschichte maßgeblichsten Angehörigen des Hauses Wittelsbach widmet das Museum eine kleine Abteilung in der Tordurchfahrt zum Schlosshof. Vorgestellt werden Kurfürst Maximilian III. Joseph, der Gründer der Fayencemanufaktur im Schloss, sowie Herzog Ludwig II. „der Strenge", der die Burg bauen ließ, die zur Keimzelle Friedbergs wurde.

Nach dem Dreißigjährigen Krieg erfolgte ab 1652 unter Maria Anna, der Witwe von Kurfürst Maximilian I., der teilweise Wiederaufbau des Schlosses.

Herzog Albrecht V. hielt sich oft in Friedberg auf, wo er (so der Text des Porträts) „legendäre Bankette" veranstaltete. Margarete von Brandenburg erhielt das Schloss und die Stadt Friedberg nach dem Tod ihres Mannes, Herzog Ludwigs VIII. „des Buckligen", 1445 als Witwensitz zugeteilt. Christina von Dänemark, die Herzoginwitwe von Lothringen, „feierte hier glanzvolle Feste und veranstaltete Turniere, Jagden, Scheibenschießen und Ballspiele". Unter Kurfürstin Maria Anna von Österreich erfolgte ab 1652 der Wiederaufbau des Wittelsbacher Schlosses, das Kurfürstin Therese Kunigunde 1720 umbauen ließ.

Ein bayerischer Kurfürst gründete 1754 die Manufaktur, in der jene Fayencen gefertigt wurden, die heute im Friedberger Museum zu besichtigen sind.

Ein Fresko in der Wallfahrtskirche zeigt die Verbindung zu den Wittelsbachern

Inchenhofen: Jahr für Jahr ein Pferd für St. Leonhard – das Gelübde des Kurfürsten

Ein Denkmal der Wittelsbacher und altbayerischer Volksfrömmigkeit sieht man knapp zehn Kilometer nördlich von Aichach im Wallfahrtsort Inchenhofen. Ein Fresko in der barocken Wallfahrtskirche St. Leonhard erinnert an das Gelübde des Kurfürsten Maximilian I. Doch der Landesherr, den der Maler Ignaz Baldauf in seinem Fresko in der Kleidung im Stil des Rokokos abgebildet hat, erinnert eher an den barocken Kurfürsten Karl II. Theodor, der dem Brauch der Wittelsbacher, Jahr für Jahr ein Pferd für St. Leonhard zu schenken, ein Ende bereitete.

Die Wallfahrtskirche St. Leonhard ist eine der wichtigsten Sehenswürdigkeiten im Wittelsbacher Land: Sie „erzählt" bei genauerem Hinsehen von ein paar Jahrhunderten der bayerischen Geschichte. Bereits die Frühzeit dieses Wallfahrtsorts hängt mit einem Wittelsbacher zusammen: Am 9. April1259 schenkt Herzog Ludwig II. „der

Oben: Das barocke Deckenfresko der Wallfahrtskirche St. Leonhard in Inchenhofen stellt den Kurfürsten Maximilian I. dar: Der Wittelsbacher führt ein Pferd als Opfergabe zum Gnadenbild der Kirche.

Sechs Musiker – darunter fünf weiß-blau gewandete Lakaien – sind im Deckenfresko von Ignaz Baldauf zu erkennen. Dieser Kirchenmaler lebte in Inchenhofen.

Strenge" dem von ihm als Buße für den Mord an seiner Gemahlin Maria von Brabant gegründeten Kloster Fürstenfeld die Kirche in Hollenbach. Das Zisterzienserkloster beschenkt er „cum omnibus suis attentibus" – also mit allen zugehörigen Besitzungen und Rechten. Dazu gehört auch die Filialkirche in Inchenhofen. Von 1283 bis zur Säkularisierung – 1803 – werden Zisterziensermönche aus dem Kloster Fürstenfeld die Wallfahrt in Inchenhofen betreuen.

Auch die Wittelsbacher verehren Leonhard, einen der beliebtesten Heiligen im Voralpenraum und in Süddeutschland. Die Wallfahrtskapelle St. Leonhard besuchen (so die Chroniken) etliche bayerische Herzöge: Der Sohn Herzog Ludwigs II. „des Strengen" – Ludwig IV. „der Bayer" (ab 1314 römisch-deutscher König und ab 1328 Kaiser des Heiligen Römischen Reichs deutscher Nation) wallfahrtet ebenso nach Inchenhofen wie 1388 die Brüder Stephan III. (1337–1413, Herzog von Bayern-Ingolstadt) und Johann (1341–1397, Herzog von Bayern-München). Herzog Wilhelm II. von Bayern-Straubing (1365–1417) verehrt dem Heiligen 1410 einen Kelch. Und Herzog Ludwig VII. „der Gebartete" (1368–1447, ab 1413 der Herzog von Bayern-Ingolstadt) weiht dem heiligen Leonhard sogar seinen Sohn.

Seit er 1705/06 aufgestockt wurde, ist der Turm der Wallfahrtskirche St. Leonhard 72 Meter hoch.

Dass die Wallfahrt bis dahin in Schwung kommt, liegt angeblich an einem Hühnerdieb: Im Jahr 1258 kommt ein Trupp Berittener an der damaligen Wallfahrtskapelle vorbei. (Der im Kern wohl im 13. Jahrhundert errichtete schlichte Satteldachbau vor der Nordostseite der Wallfahrtskirche wird 1902 zur Lourdesgrotte.) Einer der drei Anführer dieses Trupps vergreift sich an den Gaben für den Heiligen: Prompt wird dieser diebische Reiter schwachsinnig. In seiner Satteltasche finden sich zwei gestohlene Hühner – so die Aufzeichnungen eines Zisterzienserbruders Eberhard. Eine göttliche Strafe für den Frevel? Fantasie? Wahrheit? Egal: Wunder ist Wunder. Die Wallfahrt zu St. Leonhard nimmt jetzt also Fahrt auf. Sie bringt dem Kloster erheblichen Gewinn aus den Geld- und Sachspenden ein. Mitte des 15. Jahrhunderts entsteht die imposante Hallenkirche. Der Kirchturm wird 1705/06 aufgestockt und ist seither stolze 72 Meter hoch.

1995 wird Angelika Petitini resümieren: „Anhand der Mirakelbücher läßt sich der Einzugsbereich der Inchenhofener Wallfahrt ermitteln. Im Mittelalter zählte sie nach Jerusalem, Rom und Santiago de Compostela zu einer der bedeutendsten überregionalen Wallfahrten der Christenheit. Inchenhofen war fest in die bekannten Pilgerwege eingebunden. Im 17. und 18. Jahrhundert entwickelte sie sich aller-

Mit der barocken Umgestaltung der Wallfahrtskirche entstand 1758 auch der Kanzelkorb mit den Wappen des Klosters Fürstenfeld und des damaligen Abtes.

dings zu einer regionalen Wallfahrt. Gleichzeitig nahm der Anteil der Landbevölkerung unter den Wallfahrern zu." Der Patron der Gefangenen mutiert im Lauf der Zeit zum Schutzpatron des Viehs: Vielleicht ein Missverständnis, weil die mit Leonhard dargestellten Ketten als Viehketten interpretiert werden? Den Bauern ist jedenfalls nichts wichtiger als ihre Rösser, Rinder, Schafe und Schweine. Gerade die im 17. und 18. Jahrhundert grassierenden Viehseuchen fördern wohl die Verehrung des heiligen Leonhard als Viehpatron.

Eine in einer Schwaige ausgebrochene Seuche bewegt 1631 sogar Maximilian I. (1573–1651, seit 1597 Herzog von Bayern, Kurfürst ab 1623) zum Besuch dieser Wallfahrtskirche. Er bringt sein Pferd samt Sattel und Zaumzeug mit, opfert die Erstgeburt der Herden seines Guts in Schleißheim und gelobt: Den Gnadenort will er jährlich „mit einem 2jährig, modo Vieh und Schafopfer" beschenken. An dieses Gelübde wird sich nicht nur Maximilians Witwe halten. Auch die späteren Kurfürsten Bayerns verehren St. Leonhard (respektive dem Kloster Fürstenfeld) alljährlich am Fest des heiligen Leonhard Opfergaben, die eine Gesandtschaft nach Inchenhofen bringt. Als das Innere dieser Kirche Mitte des 18. Jahrhunderts im Rokokostil dekoriert wird, hält ein Meister aus Inchenhofen – der Maler Ignaz Baldauf – diesen Brauch in den Deckenfresken der Kirche fest. Dort wird 1777 nicht nur die Vita das heiligen Leonhard in farbenfrohen und figurenreichen Bildmotiven dargestellt, sondern auch Kurfürst Maximilian I., der dem Gnadenbild sein Ross am Zügel sowie eine Kuh und ein Schaf zuführt. Mit Maximilian I. – oft finster blickend, in Schwarz gekleidet, mit Barttracht nach spanischer Mode dargestellt – hat dieser rosige, glattrasierte und jovial wirkende Rokokomensch im weiß-blauen Gewand aber keinerlei Ähnlichkeit. Vor dem Gnadenbild kniet eine in weiß-blaue Rauten gehüllte Personifikation Bayerns. Sie bringt auf einer Schale „die in Verehrung glühenden Herzen der Bayern dem hl. Leonhard dar", so die Website der Pfarrei.

Als Ignaz Baldauf sein Fresko malt, kann er nicht ahnen, dass es mit den Gaben der Wittelsbacher bald vorbei sein wird. Ende 1777 wird Karl IV. Philipp Theodor von der Pfalz (1724–1799) aus der Wittelsbacherlinie Pfalz-Sulzbach bayerischer Kurfürst: Als Karl II. Theodor wird er vorletzter Kurfürst Kurpfalz-Bayerns sein. König Friedrich II. von Preußen nennt ihn wegen des anstrengungslos ererbten Bayern „fauler Kerl" und „Glücksschwein". Unter Karl II. Theodor endet der Brauch, Weihegaben für St. Leonhard nach Inchenhofen zu senden. Doch was soll man Besseres von einem Wittelsbacher erwarten, der nahe Brüssel zur Welt kommt und – als er Bayern erbt – klagt: „Nun sind deine guten Zeiten vorbei." Kurfürst Karl II. Theodor schmeckt das Bier nicht. Er trinkt lieber Wein. Als ihn 1799 der Schlag trifft, bejubeln die Münchener das Totengeläut. Um den Bevölkerungszuwachs hat sich dieser Wittelsbacher immerhin verdient gemacht: Zwar bleibt seine Ehe kinderlos, doch werden ihm mehr als 60, nach anderen Quellen sogar mehr als 200 uneheliche Kinder nachgesagt.

Nördlich der Wallfahrtskirche St. Leonhard sind zwei Flügel des ehemaligen Klosterhospitiums erhalten. Der westliche Flügel dient heute als Pfarrhaus. Der östliche Flügel beherbergt das Rathaus der Gemeinde.

Beim Leonhardiritt in Inchenhofen werden auf Festwagen Szenen aus dem Leben des Heiligen dargestellt – und auch ein Modell der Kirche ist zu sehen.

In Inchenhofen – der älteste Leonhardiritt Bayerns

Der Leonhardiritt in Inchenhofen ist der älteste Bayerns. Dieser Brauch – ein Umritt zu Pferd und auf von Pferden gezogenen Wagen um die Wallfahrtskirche – ist vermutlich 1457 eingeführt worden. 1510 wird der Leonhardiritt schriftlich erwähnt. (Zum Vergleich: Die erste urkundliche Erwähnung des Leonhardiritts in Bad Tölz stammt wohl von 1772.) In Inchenhofen wird eine rund 20 Zentimeter hohe gusseiserne Gnadenfigur des Heiligen (sie ist datiert auf das Jahr 1420) im Zug mitgeführt. Auf mehreren Festwagen werden lebende Szenen aus der Vita des Heiligen dargestellt. Der Inchenhofener Leonhardiritt findet alljährlich an dem Sonntag statt, der dem Leonharditag – dem 6. November – am nächsten liegt. Tausende säumen an diesem Tag die Straßenränder. Ein Replikat der Gnadenfigur sowie eiserne Votivgaben entdeckt man im Inneren der Kirche. In der einstigen Brauerei des angrenzenden Klosters kann nach vorheriger Anmeldung ein Wallfahrtsmuseum besucht werden.

Im Inchenhofener Wallfahrtsmuseum ist ein Modell der Kirche St. Leonhard sowie des einstigen klösterlichen Areals zu besichtigen.

Ein Ehewappen belegt den Anspruch eines Wittelsbachers auf Österreich

Mering: Der zweite Wittelsbacherkaiser und eine Kampfansage an die Reformation

Mering fiel als Erbe der Staufer an die Wittelsbacher. An das Herrscherhaus erinnert hier – direkt wie indirekt – die Kirche St. Michael. Das Allianzwappen des zweiten Wittelsbacherkaisers belegt dort das Großmachtstreben Bayerns. Und das Deckenfresko ist eine gemalte Kampfansage an den Protestantismus.

Konradin – der letzte Staufer – ist der Sohn des deutschen Königs Konrad IV. und der Wittelsbacherin Elisabeth (um 1227–1273), einer Tochter Herzog Ottos II. „des Erlauchten". Als der gerade mal 16-jährige Staufer 1268 in Neapel hingerichtet wird, gilt auch für seine Besitzungen am Lechrain und an der Donau das altbewährte Prinzip „Die anderen sterben, die Wittelsbacher erben". Geldmangel hat Konradin, den Herzog von Schwaben, dazu gezwungen, etliche Rechte und Territorien an seinen Vormund, Herzog Ludwig II. „den Strengen", zu verpfänden. Durch diese „Konradinische Schenkung"

Oben: Das Wappenschild des zweiten und letzten Kaisers aus dem Haus Wittelsbach ziert den Hochaltar. Putti mit Herrschaftsinsignien rahmen das Ehewappen.

Den Neubau der Kirche St. Michael in Mering haben die Wittelsbacher zu bezahlen: Das ist die Erklärung dafür, warum dieses Vorhaben lange Zeit braucht. Da Bayern eine Großmacht werden will, führt man häufiger Krieg: Das ausgegebene Geld fehlt anderswo.

fallen nach der Enthauptung Konradins große Gebiete am Lechrain und an der oberen Donau an Bayern. Die Rolle Herzog Ludwigs II. beim Untergang des Staufers ist eine etwas zwielichtige: Ludwig begleitet Konradin bei dessen Italienzug 1267 bis nach Verona. Doch danach zieht er sich auf sicheres Gebiet zurück und überlasst sein Mündel mit einem schwachen Heer von etwa 3000 Rittern seinem Schicksal. Der Tod Konradins bringt den Wittelsbachern erhebliche territoriale Zugewinne. So gehen 1269 auch Mering und die dortige Burg in den Besitz Herzog Ludwigs II. „des Strengen" über: Mering gehört jetzt zum oberbayerischen Teil des Landes. Kaiser Ludwig IV. „der Bayer" übergibt 1341 die Burg sowie den Ort an das Kloster Ettal. Dies ist freilich eine Entscheidung, die von den Nachfolgern des 1347 verstorbenen Wittelsbachers umgehend revidiert wird.

In Mering findet sich mit der Pfarrkirche St. Michael ein Denkmal des wittelsbachischen Großmachtstrebens. Ein Deckenfresko lässt dort aber auch den gegenreformatorischen Eifer der Herzöge und Kurfürsten aus dem Haus der (bayerischen) Wittelsbacher erkennen. Den konkreten Hinweis auf einen Wittelsbacher liefert die Wappenkartusche im Auszug über dem Hochaltarblatt: Sie zeigt das Ehewappen des bayerischen Kurfürsten Karl Albrecht (1697–1745) und seiner Gemahlin Maria Amalia von Österreich, der Tochter des 1711 verstorbenen Habsburgerkaisers Joseph I. und Nichte des 1740 verstorbenen Kaisers Karl VI. Schon seit 1726 regiert Karl Albrecht als Kurfürst in Bayern. 1742 wird dieser Wittelsbacher zum Kaiser des Heiligen Römischen Reichs gewählt: Er nennt sich jetzt Karl VII.

Als Karl VII. 1745 stirbt, wird wohl eben der Hochaltar der Kirche in Mering fertiggestellt, der folglich an einen Kaiser erinnert – an

Das Deckenfresko in St. Michael zeigt das siegreiche Schiff der Kirche – und zugleich, wie sehr bayerische Wittelsbacher die Reformation bekämpften.

einen Kaiser freilich, der politisch gescheitert und ein Beispiel für die oftmals zum Schaden Bayerns ausbrechende Großmannssucht der Wittelsbacher ist. Der Historiker Fritz Wagner resümiert: „Das Versagen K. [Karls VII.] beruht wesentlich auf der Überheblichkeit seiner Vorstellungen und Forderungen, obwohl das Schicksal seines Vaters [des 1726 verstorbenen Max II. Emanuel, des ‚blauen Kurfürsten'] ihm ein warnendes Beispiel hätte sein können." Diese Vorstellungen des Wittelsbachers lassen sich auch am Allianzwappen über dem Altarblatt ablesen. Der rot-weiß-rote Bindenschild (für Karls Gemahlin Maria Amalia) ist das Wappen der Erzherzöge von Österreich – es vermittelt Karls Anspruch auf die Herrschaft über Österreich. Der Putto am rechten Rand dieses Wappenschilds trägt ein Zepter und den Erzherzogshut von Österreich. Den Rang des Wittelsbachers Karl verdeutlicht ein zweiter Putto am linken Rand des bayerischen Wappenschilds: Er trägt die Herrschaftsinsignien des Kaisertums – Reichskrone, Zepter und Reichsapfel.

Fritz Wagner charakterisiert den Wittelsbacher so: „Wie sein Vater kannte K. nur ein großes Ziel: Bayern zur Großmacht zu erheben. Außenpolitik und luxuriöser höfischer Lebensstil bestimmten daher

Das Deckenfresko des Inchenhofeners Ignaz Baldauf in St. Michael zeigt – halb verdeckt durch einen stürzenden Türken – die beiden den Wittelsbachern so verhassten Reformatoren Martin Luther und Philipp Melanchthon.

seine Tätigkeit, während innere Reformen, wirtschaftliche Gesichtspunkte und soziale Verantwortung völlig zurücktraten. Er gilt [...] als typischer Rokokofürst: eleganter, liebenswürdiger Kavalier, leicht bestimmbar, früh in Liebesaffären verstrickt, Mäzen der bildenden Künste und der Musik, der Jagdleidenschaft verfallen." Immerhin ist der Wittelsbacher Karl VII. der erste Kaiser seit 1437, der nicht dem Haus Habsburg angehört. Karl Albrecht ist der zweite – und letzte – Kaiser aus dem Haus Wittelsbach (und zugleich der dritte und auch letzte Wittelsbacher, der jemals römisch-deutscher König wurde).

Dass das Wappen eines Wittelsbacherkaisers in der Meringer Pfarrkirche zu sehen ist, spiegelt auch die für Wittelsbacher so typische Mischung aus Großmachtgehabe und Geldmangel wider. Denn die Kirche war bereits 1704 – während des Spanischen Erbfolgekriegs – zerstört worden. Doch erst 1739 beginnt man mit dem Neubau, der schon 1741 durch den Österreichischen Erbfolgekrieg behindert wird. Deshalb zieht sich die Ausstattung dieser Kirche am Ende bis 1779 hin. Das Allianzwappen des Kaisers am Hochaltar von St. Michael ehrt zum Zeitpunkt der Fertigstellung des barockisierten Sakralbaus also einen schon längst – nämlich 1745 – verstorbenen Bauherrn.

1779 malt der aus Inchenhofen nahe Aichach stammende Ignaz Baldauf das Deckenfresko der Meringer Kirche. Sein Werk, das sich die Seeschlacht von Lepanto im Jahr 1571 als Motiv wählt, stellt das siegreiche Schiff der katholischen Kirche – laut einer Schriftkartusche am Rand dieser Malerei die „Ecclesia Militans" – dar. Der sein Schwert schwingende Erzengel Michael ist gleich zweimal – am Himmel schwebend und auf einem Segel abgebildet – zu sehen: Gekleidet ist der Engel – welch dezente Anspielung – in den Farben

Ein Rotmarmorepitaph an der Vorhalle von St. Michael erinnert an den Meringer Pfleger Erasmus Diepperskircher, den der Wittelsbacherherzog Albrecht IV. als Rat berief.

Weiß und Blau. Baldaufs Deckengemälde stellt neben Dämonen der Hölle ganz am Rand – durch einen stürzenden Türken beinahe verdeckt – die untergehenden Reformatoren Martin Luther und Philipp Melanchthon dar. Den rigiden Umgang mit Neugläubigen gab der Wittelsbacherherzog Wilhelm IV. (1493–1550) „der Standhafte" im Kampf gegen die Wiedertäufer unzweideutig vor: „Welcher revocirt [widerruft], den soll man köpfen, welcher nicht revocirt, den soll man brennen [auf dem Scheiterhaufen verbrennen]." Sein Beiname erinnert daran, dass Herzog Wilhelm auf bayerischem Territorium jede Ausprägung der Reformation rigid unterdrückt. Die Geschichte erlaubt sich drei Jahrhunderte später wieder einmal einen Scherz: Ausgerechnet Marie von Preußen, die Mutter des 1845 geborenen bayerischen Märchen- und Traumkönigs Ludwig II., ist Protestantin.

Weitere Kunstwerke in und bei der Kirche verweisen indirekt auf die Wittelsbacher. Die Figur des heiligen Georg am nördlichen Seitenaltar (dem Abendmahlsaltar) erinnert an den 1729 durch Kurfürst Karl Albrecht gegründeten wittelsbachischen Hausorden des heiligen Georg. Bei der Vorhalle am Nordportal ist ein gotisches Rotmarmorepitaph angebracht. Sein Relief zeigt ein kniendes Paar: Erasmus Diepperskircher, der bis 1493 Pfleger und Landrichter in Mering war, und seine Ehefrau. Herzog Albrecht IV. „der Weise" (1447–1508) hatte Diepperskircher 1467 als seinen Rat berufen.

In der Vorhalle am Nordportal von St. Michael erinnert zudem eine steinerne Inschriftentafel an die Toten aus den Kriegen Bayerns vor allem mit, aber auch gegen Napoleon. Dieses Denkmal gilt – so die Inschrift in der verlogenen Rhetorik der Zeit – „Dem Andenken der acht und dreißig Krieger aus der Pfarre Mering welche in den Feld-

Eine Inschriftentafel beim Nordportal der Kirche St. Michael erinnert an 38 Angehörige der Pfarrei Mering, die in den Feldzügen des mit den Wittelsbachern verbündeten Kaisers Napoleon – sowie im Kampf gegen ihn – ihr Leben verloren.

zügen von 1805 bis 1815 im Kampfe für das Vaterland ihr Leben opferten." Dass die Gefallenen oder an Kriegsfolgen Verstorbenen aus Mering, Meringerzell, Hörmannsberg, Sirchenried, Eismannsberg, Ried und Rohrbach ihr Leben nicht für ihr weit entferntes Vaterland, sondern für die Politik und das Machtstreben der Wittelsbacher verloren, zeigt der Blick auf ihre Todesjahre und Sterbeorte.

Die Tafel nennt die Jahre 1805, 1807, 1809, 1812, 1813 und 1815 sowie Orte von Breslau bis Sterzing, von Wagram bis Polozk. 1805, im dritten Koalitionskrieg, ließen die Wittelsbacher ebenso aufseiten Napoleons kämpfen wie im vierten und fünften Koalitionskrieg (1806/07 und 1809) sowie am Beginn des sechsten Koalitionskriegs (1812–1815), der mit dem Russlandfeldzug begann: Auffallend oft wird als Sterbeort lapidar „Rußland" angegeben, mehrfach mit dem Hinweis „vermißt". Aber auch „Lofer" taucht häufiger auf: Die dort Gefallenen starben 1809 beim Tiroler Volksaufstand, als sich Bayern bis zum Gardasee erstreckte. Letzte Gefallene mussten noch 1815 – im Befreiungskrieg gegen die Franzosen – ihr Leben lassen. Dass die Gedenktafel mit kleinen farbigen Fahnen Bayerns und Frankreichs sowie einer Königskrone verziert ist, wirkt angesichts der Geschichte wie schiere Gedankenlosigkeit, wenn nicht gar wie blanker Hohn.

Die Straße nördlich des einst befestigten Kirchhofs von St. Michael ist nach dem „glaubensstarken" Herzog Wilhelm IV. benannt. An der Herzog-Wilhelm-Straße steht das Anfang des 18. Jahrhunderts erbaute frühere Benefiziatenhaus. An der straßenseitigen Fassade ist ein doch etwas sehr buntes bayerisches Wappen zu erkennen. Diese 2018 restaurierte originale Wappenmalerei hat ein Künstler ursprünglich in den 1950er Jahren geschaffen.

Das kleine Wasserschloss ist ein Sommersitz von Herzog Max in Bayern

Unterwittelsbach: Ein Schlösschen erinnert an den Vater der Kaiserin von Österreich

Etliche Jahre lang war das kleine Wasserschloss im dörflichen Aichacher Stadtteil Unterwittelsbach der bevorzugte sommerliche Landsitz von Herzog Max in Bayern. Auch seine kleine Tochter Elisabeth („Sisi") hat sich wohl dort aufgehalten. Sie sollte später zur Kaiserin von Österreich und Königin von Ungarn werden. Doch das ist nur der jüngere Teil der jahrhundertelangen Geschichte dieses Wasserschlosses, das gleich mehrmals im Besitz von Wittelsbachern war.

Als „Sisi-Schloss" gelangt das Wasserschloss in Unterwittelsbach seit der Jahrtausendwende zu überregionaler Bekanntheit. Heute wird das Landschlösschen in dem dörflichen Aichacher Stadtteil als Identifikationspunkt für das Wittelsbacher Land gesehen. Doch erst im Jahr 1998 keimt aufgrund der Forschungen und nach einem Bilderfund des Aichacher Stadtarchivars Karl Christl sowie durch eine erste Ausstellung der Regio Augsburg Tourismus GmbH im

Oben: Das kleine „Sisi-Schloss" im Aichacher Stadtteil Unterwittelsbach spiegelt sich im Wassergraben. Hier stand im 12. Jahrhundert wohl ein Vorgängerbau.

Die Schlosskapelle ließ Herzog Maximilian in Bayern 1840/41 fast völlig neu – in einer außergewöhnlichen neugotisch-orientalischen Stilmischung – errichten.

Schloss das Interesse an dem von einem Wassergraben umgebenen Baudenkmal auf. Noch bis 1999 dient es als Heim für verhaltensauffällige Jugendliche. Der Mangel an öffentlichem Interesse lag bis dahin auch daran, dass das „Schloss" eher nur ein „prachtvolles Herrenhaus" ist – so 1566 der bayerische Kartograf Philipp Apian.

Als Apian das Bauwerk sieht und beschreibt, hat es einige hundert Jahre und eine recht bewegte Geschichte hinter sich. Seine Anfänge liegen im Dunkeln. Quellenfunde lassen den Aichacher Stadtarchivar Karl Christl 1998 vermuten: „Diese alte Wasserburganlage ist wohl schon vor der Zerstörung der Stammburg Oberwittelsbach (1209) gebaut worden." Erst um 1280 kommt es jedoch zu einer schriftlichen Erwähnung: In einem Güterverzeichnis des Wittelsbacherherzogs Ludwig II. „des Strengen" (1229–1294) taucht auch die Burg in Unterwittelsbach („Inferius Witlinspach") auf.

Es folgen etliche Besitzerwechsel, ehe mit dem Einzug der aus dem protestantischen Augsburg vertriebenen Benediktiner von St. Ulrich und Afra Kontinuität einkehrt. Sie stehen hier unter dem Schutz Albrechts III. „des Frommen" (1401–1460) und seiner Nachfolger.

Wilhelm IV. (1493–1550) lässt zum Beispiel Neugläubige in seinem Territorium (falls er Gnade walten lässt) köpfen oder (falls nicht) verbrennen. Nach rund 240 Jahren müssen die Benediktiner von St. Ulrich und Afra 1777 Unterwittelsbach versilbern. Doch, so Karl Christl: „Es dürften wohl die Benediktiner gewesen sein, die das Schloß in seiner jetzigen Größe und Form erbauen ließen."

Schon 1781 wird Unterwittelsbach erneut der Besitz eines Wittelsbachers. Der Käufer ist Kurfürst Karl II. Theodor (1724–1799), seit 1742 als Karl IV. Pfalzgraf und Kurfürst von der Pfalz sowie Herzog von Jülich-Berg – und seit 1777 als Karl II. bayerischer Landesherr. Gut 30 Jahre lang – bis 1811 – bleibt Unterwittelsbach ein landesfürstliches Staatsgut. Wieder kommt Unterwittelsbch in private Hände, und wieder erwirbt ein Wittelsbacher das dortige Schloss samt den dazugehörigen Ländereien. Diesmal ist Herzog Maximilian Joseph in Bayern (1808–1888) der Käufer: Schon 1837 hat er verhandelt, im Oktober 1838 kann er das Landgut erwerben. Weder dieser Kauf noch dieser Herzog aus der wittelsbachischen Nebenlinie Pfalz-Zweibrücken-Birkenfeld-Gelnhausen würde heutzutage sonderlich interessieren, wäre nicht 1837 – am Weihnachtstag – in München seine Tochter Elisabeth Amalie Eugenie, Herzogin in Bayern („Sisi", nach anderen Quellen wohl eher „Lisi" gerufen), geboren worden. Als Kaiserin von Österreich und Königin von Ungarn, als Protagonistin schwülstiger „Sissi"-Filme – verkörpert von Romy Schneider – und (ja, sogar das) als Ikone der Homosexuellenszene wird diese körper- und modebewusste Wittelsbacherin, angeblich eine der schönsten Frauen ihrer Zeit, später „unsterblich".

Das Wasserschlösschen rückt – spät, aber doch – ins Rampenlicht, als Stadtarchivar Karl Christl auf eine Lithografie nach einer Zeichnung des Künstlers Otto Flad aus dem Jahr 1841 stößt. Die farbige Abbildung mit dem Titel „Herzogliches Schloss ‚Unterwittelsbach'" zeigt im Wassergraben einen Mann in einem Kahn, beim Schlossportal stehen eine Frau und ein Kind. Beweisen lässt sich das zwar nicht, doch Christl mutmaßt: Das Bild zeigt „Herzog Max im Kahn, und auf der Haustürtreppe vermutlich Herzogin Ludovika mit Sisi". Erzählungen, die den Herzog und sein Töchterchen „Sisi" mit Unterwittelsbach in Verbindung bringen, kursieren hier schon lang zuvor: „Seine kleine Tochter Sisi soll im Unterwittelsbacher Dorfwirtshaus, der Schloßwirtschaft, manchmal mit einem Hut in der Hand reihum gegangen und Geld gesammelt haben, wenn der Vater auf der Zither für Bürger und Bauern aufgespielt hat", so Karl Christl. Dass

Unter den 14 vergoldeten Gipsfiguren, die Herzog Maximilian für seine Schlosskapelle anfertigen ließ, ist auch die Figur Herzog Ottos I. „des Großen". Doch Herzog Maximilian ließ sich auch selbst darstellen.

Herzog Max wegen seiner Vorliebe für dieses Musikinstrument auch „Zithermaxl" genannt wird, ist belegt. Und es gibt Abbildungen, die den Wittelsbacher mit seiner Zither vor Schloss Unterwittelsbach zeigen (das aber schon mal seitenverkehrt dargestellt wird, denn so bekannt ist dieser Ort damals wie heute nun auch wieder nicht).

Herzog Maximilian lässt jedenfalls das Schloss instand setzen und die Schlosskapelle „St. Ulrich, Afra und Jungfrau Maria" weitgehend neu erbauen. Ihr neugotisch-orientalischer Stilmix (wohl von einer Jerusalemreise des Herzogs im Jahr 1838 beeinflusst) ist weit und breit einzigartig. Zwei Wappensteine mit den Rauten und mit dem Löwen der Pfalz am Rhein zieren die Südfassade. In der Kapelle lässt Herzog Max die vergoldeten Gipsfiguren von Ahnenstatuen aufstellen: Zwölf Originale dieser Figuren hat Ludwig Schwanthaler für den Thronsaal der Münchener Residenz überlebensgroß modelliert. Ferdinand von Miller hat sie zwischen 1834 und 1842 in Bronze gegossen und vergoldet. Im Kleinformat werden aber 14 Gipsfiguren entlang der Seitenwände im Inneren der Kapelle aufgestellt. Denn Herzog Maximilian in Bayern lässt den Zyklus um zwei Figuren er-

Die 14 „goldenen" Wittelsbacher in der Schlosskapelle

· **Wer ist in der Münchener Residenz zu sehen?** Dort stehen als große Bronzefiguren zwölf Wittelsbacher, Herrscher in Bayern und der Pfalz:
- Herzog Otto I. „der Große" (1117–1183)
- Herzog Otto II. „der Erlauchte" (1206–1253), Pfalzgraf bei Rhein
- Kurfürst (und ab 1400 deutscher König) Ruprecht III. von der Pfalz („Klem", 1352–1410)
- Herzog Ludwig IX. „der Reiche" (1417–1479)
- Kurfürst Friedrich I. von der Pfalz („der Siegreiche", 1425–1476)
- Herzog Albrecht IV. „der Weise" (1447–1508)
- Kurfürst Friedrich II. von der Pfalz („der Weise", 1482–1556)
- Herzog Albrecht V. „der Großmütige" (1528–1579)
- Kurfürst Maximilian I. von Bayern (1573–1651)
- König Karl XI. von Schweden, Herzog von Pfalz-Zweibrücken, von Pfalz-Kleeburg und des Herzogtums Bremen-Verden (1655–1697)
- Kurfürst Johann Wilhelm von der Pfalz (1658–1716)
- König Karl XII. von Schweden, Herzog von Pfalz-Zweibrücken und von Pfalz-Kleeburg sowie des Herzogtums Bremen-Verden (1682–1718)

· **Wer kam in Unterwittelsbach hinzu?** Zusätzlich zu dem Münchener Figurenzyklus von Ludwig Schwanthaler ließ der neue Schlossherr in Unterwittelsbach auch seinen Großvater und sich selbst verewigen. Als Nummer 13 und 14 wurden stilgleich Figuren modelliert und aufgestellt, die Herzog Wilhelm, Pfalzgraf von Birkenfeld-Gelnhausen (1752–1837), und Maximilian Joseph, Herzog in Bayern (1808–1888), verkörpern.

weitern: Sie verkörpern ihn und seinen Großvater, Herzog Wilhelm (1752–1837), Herzog in Bayern, Pfalzgraf und Herzog von Gelnhausen. 1999 landen die 14 Gipsfiguren im „Sisi-Schloss". In der Kapelle stehen heute dreidimensional wirkende Fotofiguren der 14 Wittelsbacher, um den ursprünglichen Raumeindruck zu simulieren.

Unterwittelsbach ist für den Bayernherzog lediglich ein Zweitwohnsitz – vor allem genutzt als Ausgangspunkt von Jagden in seinem 65 Hektar großen Waldgebiet, zu dem auch die Reviere von Kühbach, Rapperzell und Allenberg gehören. Ein Todesfall, der sich im November 1850 während eines Gastmahls im Schloss Unterwittelsbach ereignet, verleidet Herzog Maximlian in Bayern den weiteren Aufenthalt: Er soll das Schloss nie wieder betreten haben. Bis 1955 befindet sich Schloss Unterwittelsbach noch im Besitz der Wittelsbacher. Herzog Maximilian vererbt es seinem Sohn Dr. med. Karl Theodor (1839–1909), einem renommierten Münchener Augenarzt.

Auf dem gekiesten Platz vor dem Schloss steht eine romanische Säulenspolie aus dem Kloster in Kühbach.

Dessen Sohn Ludwig Wilhelm (1884–1968) verkauft das Schloss samt Äckern, Wiesen und Wäldern an den Fürsten zu Fürstenberg. Nach weiter wechselnden Besitzern erwirbt 1999 die Stadt Aichach das „Sisi-Schloss" – das daraufhin mit Ausstellungen und anderen Veranstaltungen zum Tourismusziel wird.

Besucher stoßen auf dem gekiesten Platz vor der Kapelle und dem Eingang zum Schloss auf eine romanische Säulenspolie. Diese Steinmetzarbeit stammt aus dem Kloster Kühbach, das Herzog Max 1839 erworben hat. Der Landschaftsgarten beim Schloss gilt als Vogelparadies. Dort soll „Sisi" auf ihrem Pony das Reiten geübt haben.

Wissenswertes zu Unterwittelsbach

- **Ausstellungen:** Im „Sisi-Schloss" in Unterwittelsbach (Klausenweg 1) finden jährlich von Mai bis Anfang November Ausstellungen statt, die mit ihren wechselnden Themen „Sisi"-Fans und Geschichtsinteressierte anziehen (Informationen unter Tel. 0 82 51/89 18 69, www.aichach.de).
- **Museumscafé und Museumsshop:** Im „Sisi-Schloss" bewirtet Gastronomie. Direkt am Eingang findet man bei der Museumskasse auch einen Museumsshop mit Literatur zum Thema und allerlei „Sisi"-Devotionalien.

Die Kapelle St. Anna ist auch eine Stiftung zweier Wittelsbacherherzöge

Merching: Eine Kapelle erinnert an zwei Kapellen, Bruderkrieg und einen Justizmord

Ein imposanter Sakralbau ist die kleine Annakapelle am Rand des Kirchhofs der Merchinger Pfarrkirche St. Martin eher nicht. Diese gotische Kapelle erinnert jedoch indirekt an den wittelsbachischen Justizmord an der Augsburger Baderstochter Agnes Bernauer, an zwei weitere Kapellen und an einige Kriege, in denen mitunter sogar Wittelsbacher gegen Wittelsbacher kämpften.

„Katholische Friedhofskapelle St. Anna. Ende 14. Jh.; nach 1704 erneuert." Viel mehr gibt auch ein renommierter Denkmalführer über den kleinen Sakralbau in Merching nicht her. Die Geschichte der Kapellenstifter führt jedoch indirekt tief in die wittelsbachisch-bayerische Landesgeschichte. Bei dieser Kapelle steht eine Stele: Ihre Inschrift nennt – neben anderen – auch Herzog Wilhelm III. (1375–1435) als einen der Stifter der Frühmess-Benefiziumskirche. Wilhelm regiert das Teilherzogtum Bayern-München gemeinsam mit seinem Bruder Ernst (1373–1438). Sie sind die Nachfolger ihres

Oben: Die Annakapelle erinnert auch an die Zeiten, als Wittelsbacher gegen Wittelsbacher Krieg führten.

Vaters Herzog Johann II. (um 1341–1397). Obwohl der Stelentext nur Herzog Wilhelm III. erwähnt, ist auch sein Bruder beteiligt. Denn weil Wilhelm stirbt, noch ehe der Augsburger Bischof die Stiftung 1439 bestätigt, wird sie von Herzog Ernst erneuert und vollzogen.

Die drei Teilherzogtümer Bayern-München, Bayern-Landshut und Bayern-Ingolstadt waren durch die bayerische Landesteilung von 1392 entstanden. Im ersten Bayerischen Hauskrieg von 1394/95 kämpfen Herzog Wilhelm und sein Bruder Ernst gegen Ludwig VII. „den Gebarteten" (1368–1447), den Herzog von Bayern-Ingolstadt. Deshalb werden Ludwigs Städte Aichach und Friedberg damals von den Münchener Herzögen angegriffen. Im Bayerischen Krieg von 1420 bis 1422 kämpfen wieder Wittelsbacher gegen Wittelsbacher. Diese Auseinandersetzung zwischen Ludwig VII. „dem Gebarteten", dem Herzog von Bayern-Ingolstadt, und Heinrich XVI. (1386–1450), dem Herzog von Bayern-Landshut, wird auch der „Große Krieg der Herren" genannt. Die Münchener Herzöge Ernst und Wilhelm III. stehen auf der Seite des niederbayerischen Herzogs Heinrich XVI. In der Schlacht bei Alling bezwingen ihre Truppen das Aufgebot ihres Vetters, Herzog Ludwigs VII. „des Gebarteten". Herzog Ernst rettet dabei seinen im Kampfgetümmel gestürzten Sohn Albrecht III. (1401–1460) aus den Reihen der Feinde. 1422 stiftet Ernst zum Dank für die Rettung seines Sohns eine Memorialkapelle in Hoflach.

Die Merchinger Kapelle erinnert durch ihre Stiftungsgeschichte noch an eine weitere Kapelle – an die Agnes-Bernauer-Kapelle im Friedhof von St. Peter in Straubing. Diese Kapelle soll Herzog Ernst 1436 errichtet haben lassen, um seinen Sohn Albrecht III. zu besänftigen. 1435 hatte Herzog Ernst nämlich Agnes Bernauer, eine Baderstochter aus Augsburg, nach einem Schauprozess als „Hexe" verurteilen und am 12. Oktober 1435 bei Straubing in der Donau ertränken lassen. Die schöne Agnes war vielleicht die Geliebte von Herzog Albrecht (was kein Problem gewesen wäre), womöglich aber sogar seine heimlich angetraute unstandesgemäße Ehefrau gewesen. Dieser Justizmord vertreibt die Sorge, dass eine morganatische Ehe zum Erbfolgestreit führen könnte. Sohn und Vater versöhnen sich bald. 1436 heiratet Herzog Albrecht (erneut?) – jetzt standesgemäß.

Die Merchinger Kapelle brennt 1704 im Spanischen Erbfolgekrieg bis auf die Außenmauern und das Chorgewölbe nieder. Nach diesem Krieg wird sie in der heutigen Form wieder aufgebaut. 1851 setzt man die zwischenzeitig vernachlässigte Annakapelle wieder instand.

Ein Wittelsbacher erwirbt 1839 auch das kleine Hofmarksschloss

Rapperzell: Das barocke Jagdschlösschen, das Herzog Max in Bayern gehörte

Mit dem Klostergut in Kühbach erwarb Herzog Maximilian in Bayern, der Vater der späteren Kaiserin Elisabeth von Österreich und Königin von Ungarn, 1839 die Hofmarken Rapperzell und Motzenhofen. Seit 1862 befindet sich das kleine Hofmarksschloss in Rapperzell im Besitz der Freiherren von Beck-Peccoz.

Als Herzog Maximilian in Bayern im Jahr 1839 das Ökonomiegut in Kühbach – ein Relikt des ehemaligen Klosters – kauft, erwirbt er neben dem Wasserschloss in Unterwittelsbach außerdem die beiden Hofmarken Rapperzell und Motzenhofen. Insbesondere die Wälder dieser Besitzungen sind für den leidenschaftlichen Jäger Maximilian von Interesse. In Rapperzell steht ein Schlösschen, das der Herr der Hofmark, Dominikus Carl von Widmann, bis 1698 errichten ließ. Auf einem Kupferstich von Michael Wening – der Münchener ist der Hofkupferstecher des bayerischen Kurfürsten Ferdinand Maria

Oben: Der Schweifgiebel des Hofmarksschlösschens in Rapperzell lässt den opulent-barocken Baustil des ausklingenden 17. Jahrhunderts erkennen.

Die Bronzefigur eines Steinbocks vor dem Schloss in Rapperzell zeigt, dass sich das Baudenkmal im Besitz der Familie von Beck-Peccoz befindet.

(1636–1679) – mit dem Titel „Schloß Rapperszell" erkennt man den Giebel des Schlösschens noch reicher verziert, mit einem Schöpfbrunnen neben einer (längst verschwundenen) Kapelle und einem Inselchen in einem kreisrunden Wassergraben im Schlosspark. Heute noch sind die schilfbewachsenen Relikte des Grabens zu erahnen.

Der zweigeschossige Satteldachbau mit dem barock geschwungenen Schweifgiebel an seiner Südfassade geht an den Freiherrn Joseph Anton von Beck über, als der Wittelsbacherherzog am 20. Mai 1862 die Güter in Kühbach und Rapperzell weiterverkauft. Das Wappentier der Freiherren von Beck-Peccoz, der Steinbock, zeigt bis heute in Form einer Bronzefigur bei diesem Anwesen den Besitzer an.

Wissenswertes zu Rapperzell

- **Keine Innenbesichtigung:** Das Schlösschen in Rapperzell kann nur von außen besichtigt werden. Es wird gebeten, dabei auf die Privatsphäre der Bewohner Rücksicht zu nehmen.
- **Informationstafel:** Auch vor dem Schlösschen in Rapperzell steht eine Beschilderung, auf der die Geschichte des Baudenkmals beschrieben wird.

Der Prinzregentenbrunnen in Augsburg müsste eigentlich eine Pilgerstätte der königstreuen Bayern sein: Denn dort findet man die einzige öffentlich zugängliche Darstellung des Märchenkönigs Ludwig II. in dieser Stadt. Doch darüber hinaus erinnern etliche Spuren, kostbares Augsburger Silber und einige handfeste Skandalgeschichten an Wittelsbacher und ihre Aufenthalte in der einstigen Reichsstadt Augsburg, die im Jahr 1806 – Napoleon war auch daran schuld – an das junge Königreich Bayern fiel.

Denkmäler der Wittelsbacher in der Nachbarstadt des Wittelsbacher Lands

Die Wittelsbacher in Augsburg: Spuren, Silber und sieben Skandale

Erinnerungen an die Wittelsbacher – und das nicht gerade wenige – entdeckt man auch in der großen schwäbischen Nachbarstadt des Wittelsbacher Lands. In Augsburg erinnern Denkmäler, Gedenktafeln und Goldschmiedekunst an den Märchenkönig Ludwig II. und an Kaiserin Elisabeth von Österreich, an ihren Bruder Ludwig und ihre (Ex-)Lieblingsnichte, an König Ludwig I. von Bayern, an den beliebten Prinzregenten Luitpold und an König Ludwig III., den letzten Wittelsbacher auf dem bayerischen Thron. Einige Stationen erinnern aber auch an ein paar handfeste Skandale im Haus Wittelsbach.

Die Hand nach Augsburg streckten die Wittelsbacher aus, seit sie über Bayern regierten. Die reiche schwäbische Stadt westlich des Lechs weckte früh die Begehrlichkeiten der Herzöge und später der Kurfürsten Bayerns. Es dauerte allerdings bis 1806, ehe der erste

Oben: Das Wittelsbacherdenkmal am Augsburger Hochablass ist eines jener Erinnerungsorte, die zu Beginn des 20. Jahrhunderts in der bis 1918 von Wittelsbachern regierten Stadt entstanden.

An einen der größten Skandale in der Geschichte der Häuser Habsburg und Wittelsbach erinnert diese Gedenktafel am Geburtshaus der Gräfin Marie Louise von Larisch-Wallersee in der Maximilianstraße.

Wittelsbacher König wurde und die Reichsstadt Augsburg bayerisch. Seitdem bot es sich an, in Richtung München und Königsthron devot zu sein. Binnen eines guten Jahrhunderts entstanden deshalb auch in Augsburg etliche Denkmäler, die das hohe Herrscherhaus oder Aufenthalte der königlichen Familie feierten. Eine Gedenktafel und ein silberner Tafelaufsatz, eine Kirche und ein Kloster erinnern aber auch an einige Skandale und Skandälchen in der Geschichte des Hauses Wittelsbach – verheimlichte und solche, die Bayerns Monarchie in ihren Grundfesten erschütterten.

Einen dieser Skandale in Augsburg verursachte der älteste Bruder der Kaiserin Elisabeth von Österreich: Herzog Ludwig in Bayern (1831–1920) diente hier als Offizier der Chevaulegers. Ohne Rücksicht auf seine kulturelle Bedeutung war das Kloster St. Ulrich und Afra in eine Kavalleriekaserne umgewandelt worden. Privat wohnte Herzog Ludwig nebenan in der Maximilianstraße, und zwar mit der jüdischen Schauspielerin Henriette Mendel, die er 1859 geheiratet hatte. Diese morganatische Ehe (zumal die eines Wittelsbachers mit einer Jüdin) war ein gesellschaftlicher Skandal ersten Ranges. Und

Im Haus Maximilianstraße 87 hat Herzog Ludwig in Bayern – der Bruder der Kaiserin Elisabeth – während seiner Zeit als Kavallerieoffizier in Augsburg gewohnt. Dort lebte er in morganatischer Ehe mit der jüdischen Schauspielerin Henriette Mendel.

ein wohl mindestens ebenso großer Skandal hatte sich bereits vor dem Gang zum Traualtar ereignet: Denn das erste Kind der beiden – Marie Louise Mendel – war 1858 unehelich zur Welt gekommen. Katholisch getauft wurde das Kind in der benachbarten Basilika St. Ulrich und Afra.

Kaiserin Elisabeth machte Marie Louise in späteren Jahren – ab 1876 – zu einer ihrer Vertrauten. 1877 arrangierte „Sisi" sogar die Eheschließung ihrer zeitweiligen Lieblingsnichte mit Graf Georg Larisch-Moennich. Diese Ehe der Gräfin von Larisch-Wallersee, wie sich Marie Louise seither nennen durfte, scheiterte. Skandal Nummer drei war der mit Abstand größte von allen: 1888/89 war die Gräfin von Larisch-Wallersee in die „Tragödie von Mayerling" verwickelt. Damals nahm sich Elisabeths einziger Sohn Rudolf am 30. Januar 1889 das Leben. Der gemeinsame Freitod des Thronfolgers und der seiner Geliebten, der Diplomatentochter Maria von Vetsera, erschütterte die K.-u.-k.-Monarchie in ihren Grundfesten. Rudolf von Habsburg hatte zunächst seine Geliebte und dann sich

Hinter den Mauern des Klosters St. Ursula wurde ein außereheliches Kind der Marie in Bayern geboren.

selbst erschossen. „Jene Gräfin Larisch" (wie sie von da an bei Hofe genannt wurde) fiel bei der Kaiserin in Ungnade.

Die in Augsburg geborene Gräfin von Larisch-Wallersee verursachte in der Folgezeit die Skandale vier, fünf und sechs. Marie Louise ließ sich nämlich scheiden und heiratete einen Kammersänger. Im Alter von 66 Jahren wanderte die nunmehr verwitwete Gräfin in die USA aus, wo sie einen Farmer ehelichte. Von 1929 an lebte Marie Louise von Larisch-Wallersee wieder in Augsburg. Dort verstarb sie 1940 bettelarm im Stift St. Servatius. An der Fassade ihres Elternhauses (Maximilianstraße 87) erinnert die Inschrift einer steinernen Gedenktafel an Marie Louise Larisch-Wallersee, an Herzog Ludwig in Bayern sowie an Kaiserin Elisabeth und an deren Sohn Rudolf.

Ein siebter Augsburger Skandal im Hause Wittelsbach wurde lange Zeit geheimgehalten. Im Kloster St. Ursula im Lechviertel hatte die Schwester der Kaiserin Elisabeth – Marie in Bayern (1841–1925), die Königin beider Sizilien – im November 1862 ein Kind zur Welt gebracht. Die Geburt wurde angesichts des impotenten Gemahls – König Franz II. von Neapel-Sizilien – vertuscht. Die schweigsamen Mauern des Klosters erinnern indirekt an das dort geborene Kind.

Am Wittelsbacherdenkmal neben dem Augsburger Hochablass hält der bayerische Löwe einen Wappenschild mit den Rauten der Wittelsbacher.

Direkt neben dem 1911/12 errichteten Stauwehr im Lech steht das Wittelsbacherdenkmal am Hochablass. Auf einer schlanken Säule hält dort ein steinerner Löwe das Rautenwappen der Wittelsbacher mit seinen Tatzen. An dieser Säule hoch über dem Westufer des Flusses findet man zwei bronzene Gedenktafeln: Sie überliefern, dass das Lechstauwehr „unter der segensreichen Herrschaft" des Prinzregenten Luitpold (1821–1912) neu errichtet wurde und dass König Ludwig III. mitsamt der königlichen Familie das Querbauwerk im Fluss besucht hat.

Überlebensgroß steht die Bronzefigur des Prinzregenten Luitpold von Bayern auf dem Pfeiler des nach ihm benannten Augsburger Brunnens.

Der Prinzregentenbrunnen, ein Monument aus Bronze und Stein, steht seit 1901 unweit des Augsburger Hauptbahnhofs. Dort sieht man auf dem hohen Brunnenpfeiler die väterlich wirkende Figur des beliebten Wittelsbachers Luitpold von Bayern (1821–1912). Am

Am Pfeiler des Luitpoldbrunnens sind vier bayerische Könige dargestellt: Zu sehen sind die Porträtbüsten von vier Königen – von König Max I. Joseph (rechts) bis zu König Ludwig II. (Seite 158, links).

„König Ludwig II." steht ganz oben in der Inschrift eines Grabdenkmals auf dem Augsburger Hermanfriedhof. Die steinerne Säule ließ der Wittelsbacher für seine im Jahr 1881 verstorbene Kinderfrau Sybilla von Leonrod errichten.

Brunnenpfeiler hat man seinerzeit die ersten vier Könige Bayerns mit Inschriften und mit in Stein gehauenen Porträtreliefs verewigt: Maximilian I. Joseph (1756–1825) an der Südseite, Maximilian II. Joseph (1811–1864) nördlich, westlich Ludwig I. (1786–1868) – jeweils schon stark verwittert – und östlich – am besten erhalten – den Märchenkönig, den „Kini": Ludwig II. (1845–1886). In der Zeit des Zweiten Weltkriegs wurde die Bronzefigur des Wittelsbachers abgebaut: Sie sollte eingeschmolzen werden. Erst 1950 fand man den Prinzregenten auf einem Hamburger Schrottplatz wieder.

Zwei Denkmäler ließen Wittelsbacher selbst errichten. Den Namen König Ludwigs II. liest man im katholischen Hermanfriedhof auf dem Grabmal, das der Märchenkönig seiner Kinderfrau Sybilla von Leonrod aufstellen ließ. Dass König Ludwig I. von Bayern 1857 dem bei den evangelischen Augsburgern unbeliebten Pleitier Hans Jakob Fugger ein Bronzedenkmal auf dem heutigen Fuggerplatz errichten ließ, fanden wohl nicht mal die Fugger sehr glücklich, die sich an den Kosten für dieses Denkmal nicht beteiligen mochten.

König Ludwig I. von Bayern ließ 1857 das Fuggerdenkmal am heutigen Fuggerplatz errichten. Die Bronzefigur stellt Hans Jakob Fugger dar, der seine kostbare Bibliothek nach seinem Konkurs an den Wittelsbacherherzog Albrecht V. abgetreten hatte.

Die Maximilianstraße, die Prachtstraße zwischen Rathaus und der Ulrichsbasilika, wurde 1809 zunächst nach König Maximilian I. benannt. Doch gar so lieb hatten die Augsburger den Bayernkönig dann doch auch wieder nicht: Seit 1957 ist der Habsburgerkaiser Maximilian I. offizieller Namensgeber eines der schönsten Straßenzüge Süddeutschlands. Der Königsplatz immerhin – 1869 zu Ehren

König Ludwig I. von Bayern verewigte sich 1857 am Fuggerdenkmal als „HERZOG IN SCHWABEN". Dieser Wittelsbacher ehrte Hans Jakob Fugger – so eine weitere Inschrift am Denkmalsockel als einen „BEFOERDERER DER WISSENSCHAFT".

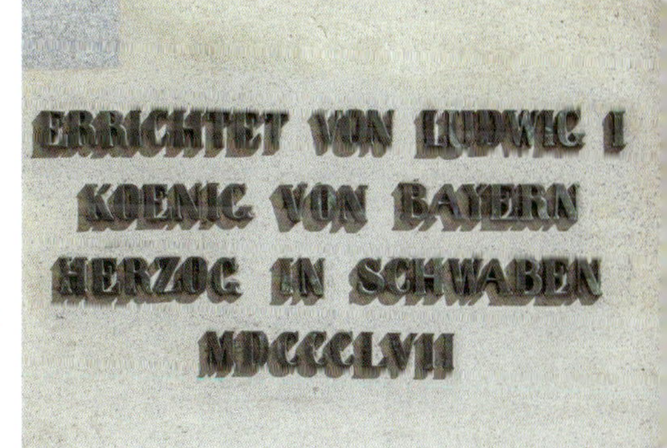

Ein silberner Tafelaufsatz sollte das Geschenk der Stadt Augsburg zur Hochzeit König Ludwigs II. sein. Doch die bereits angekündigte Heirat fand nie statt.

König Ludwigs II. so benannt – heißt bis heute so. Der Wittelsbacher Park, der südlich an die Augsburger Altstadt angrenzt, trägt seinen Namen seit dem Jahr 1906.

Das skurrilste Denkmal eines Wittelsbachers findet man freilich im Maximilianmuseum, das 1856 nach seinem Schirmherrn, dem bayerischen König Maximilian II., benannt wurde. In dem Museum entdeckt man einen silbernen Tafelaufsatz, der den Augustusbrunnen im Miniaturformat darstellt. 1867 war er als Geschenk der Stadt Augsburg an König Ludwig II. zu dessen Heirat in Auftrag gegeben worden. Im Januar 1867 war die Verlobung Ludwigs mit seiner Verwandten, Sophie Charlotte, Herzogin in Bayern (1847–1897), angekündigt worden. Sophie Charlotte war das neunte Kind von Herzog Max Joseph in Bayern und Herzogin Ludovika. Elisabeth, die spätere Kaiserin von Österreich, war also ihre ältere Schwester. Im Stadtarchiv hat sich der Beschluss des Magistrats vom 5. Februar 1867 erhalten, der das sündteure Geschenk ausführlich begründete: „Es sey von Abfassung u. Absendung einer Adresse aus Anlaß der Verlobung Umgang zu nehmen, dagegen sey aber ein Hochzeitsgeschenk zu geben, wofür mindestens 3000 fl [Gulden] in Aussicht

Das Maximilianmuseum der Kunstsammlungen und Museen Augsburg wurde im Jahr 1856 nach König Maximilian II. von Bayern benannt.

genommen würden." Die Ratsherren fürchteten, „dass auch andere Städte solche Geschenke geben" und „die Unschicklichkeit, hinter diesen Städten zurückzubleiben." Der Augsburger Goldschmied Magnus Unsin schuf also eine silberne Nachbildung des Brunnens, aus dem wahlweise Wasser oder Wein sprudeln konnte. Der Termin der Hochzeit wurde dann mehrfach verschoben und am Ende abgesagt. Die „Augsburger Abendzeitung" titelte am 13. Oktober 1867 mit der Nachricht, „daß die Verlobung Sr. Mj. des Königs mit Ihrer kgl. Hoh. Der Herzogin Sophie in Bayern rückgängig geworden sey". Diesem Umstand ist es zu danken, dass das vergebens angefertigte Hochzeitspräsent für den Wittelsbacher, der bekanntermaßen ohnehin Geschlechtsgenossen praterierte, als eines der Prunkstücke des Maximilianmuseums ausgestellt werden kann.

Wissenswertes zu Augsburg

- **Das Hochzeitspräsent für König Ludwig II.:** Christoph Emmendörffer, der Leiter des Maximilianmuseums in Augsburg, hat die Geschichte des silbernen Tafelaufsatzes für den König beschrieben. Nachzulesen unter: www.hdbg.eu/koenigreich/index.php/objekte/index/herrscher_id/7/id/1178

Quellen (Auswahl)

Hinweis: Wegen der besseren Lesbarkeit für ein breites Publikum haben wir bei dieser Publikation auf detaillierte Literaturverweise verzichtet. Die Informationen und Zitate stammen u.a. aus:

Beck-Peccoz, Umberto Freiherr von: 150 Jahre Familie von Beck-Peccoz in Kühbach, Kühbach 2012.

Brandner, Wolfgang u.a. (Hrsg.: Stadtmuseum Aichach): 900 Jahre Wittelsbach und Aichach, Mering 2014.

Christl, Karl: Vom Königsmord in Bamberg zur Stadtbefestigung in Aichach, Aichacher Geschichten (Hrsg.: Gerd Winkler im Auftrag der Stadt Aichach), Band 12, Aichach 1999.

Christl, Karl: Herzog Max und Sisi in Unterwittelsbach, Aichacher Geschichten, Band 11, Aichach 1998.

Dunau, Joseph: Die Wallfahrt zum hl. Leonhard nach Inchenhofen, München 1966 (unveröffentlicht).

Fischer, German; Schnell, Hugo: St. Leonhard Inchenhofen, Regensburg 2001.

Häutle, Christian: Die Wittelsbacher als Herzöge, Kurfürsten und Könige von Bayern vom Jahre 1180 an bis herab auf unsere Zeit, Augsburg 1880.

Hecht, Gottfried: Kunstwerke aus der Zeit der Wittelsbacher Grafen, Pfalzgrafen und Herzöge, in: Altbayern in Schwaben/2015 (Hrsg.: Landkreis Aichach-Friedberg), Aichach 2015.

Kluger, Martin: Glaube. Hoffnung. Hass. Von Martin Luther in Augsburg (1518) über den Dreißigjährigen Krieg (1618–1648) bis zur „Sau aus Eisleben" (1762), Augsburg 2016.

Kramer, Georg Friedrich: Handbuch für den Oberdonau-Kreis, Augsburg 1831.

Krämer, Gode: Kühbach. Pfarrkirche St. Magnus, Ehem. Benediktinerinnen-Klosterkirche, Regensburg 2005.

Liebhart, Wilhelm u.a. (Hrsg.: Wilhelm Liebhart im Auftrag der Marktgemeinde Kühbach): Kühbach. Kloster, Markt und Schlossgut, Kühbach 2012.

Müller, Josef: Aichach einst und jetzt, Aichach 1986.

Nöhbauer, Hans F. (Hrsg.): Die Chronik Bayerns, Dortmund 1988.

Nowey, Waldemar: Merching an der Paar im Wittelsbacherland, (Hrsg.: Gruppenleiter Bildungsforschung im Arbeitskreis Egerländer Kulturschaffender AEK e.V.) Merching/Mering 2012.

Päffgen, Bernd: Frühgeschichte und Gründung. Die Grenzstadt aus archäologischer Sicht, in: Friedberg. Grenzstadt am Lech (Hrsg.: Alice Arnold-Becker im Auftrag der Stadt Friedberg), Friedberg 2014.

Quellen (Auswahl)

Raab, Hubert u.a. (Hrsg.: Stadt Friedberg): Stadtbuch Friedberg, Band 1 und 2, Friedberg 1991.

Raab, Gabriele; Raab, Hubert: Pilgerwege im Wittelsbacher Land. Rund um bekannte und vergessene Wallfahrtsstätten, Augsburg 2010.

Ruppert, Karsten: Die Pfalz im Königreich Bayern. Geschichte, Kultur und Identität, Stuttgart 2017.

Soffner-Loibl, Monika: St. Michael Mering, Augsburg 2016.

Wesentliche Informationen entnahmen wir folgenden Webseiten:

- Historisches Lexikon Bayerns (www.historisches-lexikon-bayerns.de).
- Neue Deutsche Biographie (www.deutsche-biographie.de).
- Haus der Bayerischen Geschichte (www.hdbg.eu).
  Zugriffe auf diese Webseiten erfolgten im August und September 2019.

Informationen zu den Denkmälern stammen aus:

- Denkmalliste des Bayerischen Landesamts für Denkmalpflege.
- Dehio, Georg: Handbuch der deutschen Kunstdenkmäler. Bayern III: Schwaben, bearb. von Bruno Bushart u. Georg Paula, München/Berlin 1989.

Weitere Informationen zu Denkmälern stammen aus folgenden Broschüren:

- Melinda Braun u.a. (Hrsg.: Stadt Aichach): Entdeckungstour durch Aichach, Aichach 2019.
- o.A.: ((Hrsg. Stadt Friedberg): Friedberg. Stadtbefestigung im Wandel der Zeit, Friedberg o.J.
- o.A.: Friedberger Rathaus, Rathaussaal (Handout für Besucher).

Für Hinweise, Auskunft oder Fotogenehmigungen danken wir u.a.: Umberto Freiherr von Beck-Peccoz (Kühbach), Dr. Alice Arnold-Becker (Museum Friedberg), Frank Büschel (Stadt Friedberg), Joseph Dunau (München), Sr. Leonhardis Dunau (Dillingen a.d. Donau), Christoph Lang (Stadtmuseum Aichach), Brigitte Neumaier („Sisi-Schloss" Unterwittelsbach), Dr. Hubert Raab (Kreisheimatpfleger des Landkreises Aichach-Friedberg), Martin Zeidler (Unterbernbach) und Jörg Adam (Museum im Wittelsbacher Schloss).

Augsburgs historische Wasserwirtschaft

Der Weg zum UNESCO-Welterbe

Das große Buch zur Geschichte und zu den Denkmälern von Wasserbau, Wasserkraftnutzung, Trinkwasserversorgung und Brunnenkunst

Martin Kluger

432 Seiten, 553 Abb., 39,90 Euro

Augsburg und die Wasserwirtschaft

Studien zur Nominierung für das UNESCO-Welterbe im internationalen Vergleich

21 Beiträge zur Wasserwirtschaft und zur Bedeutung des UNESCO-Welterbes

A. Biffi, D. Bühler, S. Ciriacono und andere

Hrsg.: Stadt Augsburg

248 Seiten., 261 Abb., 29,90 Euro

Stadtwald Augsburg

Rad- und Wanderführer zu Quellbächen, Lechkanälen und Lechheiden

Gewässer, Tiere und Pflanzen, Sehenswertes und Touren im Augsburger Trinkwasser- und Naturschutzgebiet

Nicolas Liebig

Hrsg.: Landschaftspflegeverband Stadt Augsburg e.V.

156 S., 128 Abb., 9,90 Euro

Augsburg

2000 Jahre Geschichte und das UNESCO-Welterbe historische Wasserwirtschaft

Der Stadtführer für Augsburg – und zum UNESCO-Welterbe Wasserwirtschaft

Martin Kluger

168 S., 323 Abb., 9,80 Euro

Mehr zum Wasser: www.context-mv.de

Morde, Macht und Mythos.
Geschichte, Denkmäler und Städte
der Wittelsbacher im Wittelsbacher Land
Martin Kluger
context verlag Augsburg | Nürnberg

ISBN 978-3-946917-19-9
1. Auflage, Dezember 2019

Grafik und Produktion:
concret Werbeagentur GmbH, Augsburg

Fotografie:
Alle Fotografien in diesem Buch
sowie auf dem Umschlag
stammen von Martin Kluger,
mit Ausnahme folgender Abbildungen:
Museum im Wittelsbacher Schloss Friedberg/
Andreas Brücklmair: S. 128 (2)
Stadt Friedberg/Edgar Diehl: S. 37
Sammlung Jean Louis Schlim: S. 74
Umberto von Beck-Peccoz: S. 87 (1/u.)
Stadtmuseum Aichach: S. 112 (1/u.)
Wikipedia/Evergreen68: S. 25

Karten:
Hannah Kluger,
Winkler-Werbung Werbeagentur GmbH, Nürnberg

Druck:
Senser Druck Augsburg

Bibliografische Information der Deutschen Bibliothek:

Die Deutsche Nationalbibliothek verzeichnet diese Publikation in der Deutschen Nationalbibliografie, detaillierte bibliografische Daten sind im Internet über http://dnb.dnb.de abrufbar.

ISBN 978-3-946917-19-9

www.context-mv.de